Leopold Oskar Böttger

Geschichtliche Darstellung unserer Kenntnisse und Meinungen von den Korallenbauten

Leopold Oskar Böttger

Geschichtliche Darstellung unserer Kenntnisse und Meinungen von den Korallenbauten

ISBN/EAN: 9783743644366

Hergestellt in Europa, USA, Kanada, Australien, Japan

Cover: Foto ©berggeist007 / pixelio.de

Weitere Bücher finden Sie auf **www.hansebooks.com**

UNSERER KENNTNISSE UND MEINUNGEN

VON DEN

KORALLENBAUTEN.

INAUGURAL-DISSERTATION

ZUR

ERLANGUNG DER DOCTORWÜRDE

DER

HOHEN PHILOSOPHISCHEN FACULTÄT

DER

UNIVERSITÄT LEIPZIG

VORGELEGT

VON

LEOPOLD BÖTTGER

AUS MORITZBURG.

LEIPZIG.
1890.

Geschichtliche Darstellung
unserer Kenntnisse und Meinungen von den Korallenbauten.

Von

Leopold Böttger.

Einen Gegenstand der Natur einer historischen Untersuchung unterwerfen, heisst den Beziehungen nachgehen, die sich zwischen ihm und dem Menschen im Laufe der Zeiten entwickelt haben. Infolge der doppelten Art unseres Erkennens tritt der Mensch an einen Gegenstand in zweifacher Weise heran, indem er ihn sowohl mit seinem äussern als auch mit seinem innern Sinne betrachtet. Jener giebt ihm Aufschluss über das Sein, dieser über das Werden des betrachteten Objects, der erstere verschafft ihm seine Kenntnisse, der letztere seine Meinung über den Gegenstand. Diese beiden Anschauungsformen der Naturgegenstände, die man die positive und die genetische nennen kann, laufen aber nicht unverbunden nebeneinander her, sondern die eine beeinflusst stetig die andere. Mit wachsender Verfeinerung der äussern Erfahrung verändert sich der Zustand der innern und dieser wirkt wieder auf die Betrachtungsweise des äussern Sinnes ein. Die Entwicklung, welche der Zustand der menschlichen Erfahrung oder mit andern Worten der unseres Selbstbewusstseins durchläuft, lässt drei Hauptabschnitte erkennen. Der ursprüngliche Zustand des menschlichen Bewusstseins ist der, in welchem der Mensch sein ganzes Thun von seinem Willen allein abhängig fühlt und die ihn umgebenden Naturgegenstände mit einem dem seinen gleichen oder ähnlichen Geiste be-

1

seelt denkt. Diese Art der Naturauffassung ist die animistische genannt worden. So lange sie herrschend blieb,
konnte die Kenntniss von den Naturgegenständen nur eine ganz
oberflächliche sein, denn die nähere Betrachtung der Objecte
musste aus Furcht vor dem in ihnen wohnenden rächenden
Geiste verzögert werden. Hatte die reifende Erfahrung aber
endlich das Unbegründete der animistischen Naturbe-
trachtung dargethan, so konnte man der Natur unbefangener
gegenübertreten und die Kenntniss der Objecte musste rasch
gefördert werden. Die Naturauffassung wird infolge dessen
jetzt zur theologischen, bei der man sich an Stelle der
vielen Einheiten der animistischen Auffassung eine einzige denkt, die den einzelnen Naturgegenständen als Schöpfer
gegenübertritt. Da sich auch in dieser Periode die genetische Form der Anschauung von vornherein in einem festen
Geleise bewegt, so konnte sich auch das bis jetzt erreichte
Maass unserer positiven Erfahrungen nur langsam ändern;
denn der einzige Antrieb für den Menschen, seine Kenntnisse zu vermehren, bildet allein noch ihre praktische Be-
deutung. Nur ganz allmählich geht daher die dritte Art
der Naturauffassung aus ihr hervor, die causale Natur-
betrachtung, welche für jeden Gegenstand eine sich bei
allen Objecten nach denselben Gesetzen vollziehende Entwicklung postulirt, die uns seine Eigenschaften und Merkmale begreifen lehrt. In dieser Periode beginnt die wissenschaftliche Beschäftigung mit den Gegenständen.

Da die verschiedenen Arten der Naturauffassung zu
gleichen Zeiten bei verschiedenen Völkern herrschend sein
können, ja bei einem und demselben Volke gleichzeitig
durch verschiedene Individuen vertreten werden, so werden
für verschiedene Objecte die Zeitanfänge jener Perioden
auseinanderfallen. In der Geschichte der Kenntnisse und
Meinungen von den Korallenbauten beginnt die erste Periode
mit dem Bekanntwerden des Menschen mit diesen Bauten,
die zweite Periode muss ihren Anfang mit dem intensiven
Betrieb der Schifffahrt genommen haben, die dritte wird
durch die Beobachtungen eingeleitet, welche Reinhold
Forster auf seiner Reise um die Welt in den Jahren
1772—1775 machte.

I. Die animistische Auffassung der Korallenbauten.

Suchen wir nach Zeugnissen für die animistische Auffassung der Korallenbauten, so können wir solche, da die Korallenriffe erst später als eine selbständige Riffgruppe erkannt wurden, nur als Analogien zur Auffassung von Riffen überhaupt finden. Es ist nun eine bekannte That-sache, dass uns die Riffe in den Mythen der Kulturvölker, welche bis jetzt die einzige Quelle zu sein scheinen, aus der man für den vorliegenden Fall schöpfen kann, als See-ungethüme entgegentreten, die, sobald die Ebbe die Riff-fläche trocken legt, ihr gewaltiges Haupt aus dem Meere zu erheben scheinen, und wenn die Flut die Wellen an ihre Ufer treibt, so dass das Wasser hoch emporspritzt und ge-fährliche Wirbel erzeugt, ihren gähnenden Rachen aufsperren und alles zu verschlingen drohen. Eine solche Vorstellung musste sich bei Betrachtung eines Korallenriffs um so nach-drücklicher und überzeugender aufdrängen, als das Wasser um seine Ränder in fast nie ruhender Thätigkeit ist und seine Nähe für ein Schiff wegen seiner vielzackigen, aus widerstandsfähigem Fels bestehenden Köpfe sehr gefähr-lich werden kann.

Wo die Riffe in den Sagen der Natur- oder Kulturvölker mit weiteren Attributen lebender Wesen als die eben an-geführten ausgeschmückt sind, wie das z. B. beim Lurelei-felsen der Fall ist, scheint es sicher, dass wir nicht Er-zeugnisse ursprünglicher, allgemeiner Anschauungen, sondern die dichterische Phantasie Einzelner vor uns haben; hat doch die dichterische Thätigkeit so vielfach an der Aus-staltung einfacher Naturerscheinungen mitgewirkt.

— — —

II. Geschichte unserer Kenntnisse von den Korallenbauten bis zum Jahre 1778.

War endlich bei zunehmender Vertrautheit mit der Schifffahrt der Irrthum in der Auffassung der Riffe berich-tigt, war die anorganische Natur der Riffe erkannt, so musste man darauf bedacht sein, sich weitere Kenntnisse

1*

von ihnen zu verschaffen, um sie eines Teils ihrer Gefährlichkeit zu entkleiden; man suchte daher ihre Ortslage
und Ausdehnung festzustellen. Hie und da wurden jedenfalls auch Untersuchungen über die Tiefe des umgebenden Wassers angestellt. In vielen Fällen, insbesondere
bei den Riffen des hohen Meeres, blieb es allein bei einer
Ortsbestimmung, die bei der Unzuverlässigkeit der Instru-
mente und Methoden früherer Zeiten auch noch auf sehr
schwankendem Grunde ruhte. Sehr viele dieser Beobachtungen, die, wenn sie mit wissenschaftlicher Genauigkeit
ausgeführt worden wären, ein höchst schätzbares Material
abgegeben hätten, sind vollständig unbrauchbar. An vielen
Punkten, an denen ältere Karten Riffe aufweisen, oder an
denen früher Seeleute Riffe beobachtet zu haben glaubten,
hat man später keine Spur eines solchen gefunden, und in
Gegenden des Meeres, die nach den Angaben verschiedener
Seefahrer mit einer grösseren Anzahl von Riffen durchsetzt
sein mussten, entdeckte eine eingehende Untersuchung nur
eine geringe Zahl von Untiefen und Bänken.[1]) Auch die
Ungenauigkeit der Einzelformen in den älteren Seekarten
hat diese Anhäufung von Riffen und Inseln mit herbei-
geführt. Ein weiterer Grund für das so oft erfolglose
Suchen unserer Vermessungsschiffe ist in Luftspiegelungen
gleich der fata morgana zu suchen, welche Riffe an Orten
erscheinen lassen, wo in Wirklichkeit keine sind. Auch
Täuschungen anderer Art sind mit im Spiel. So schreibt
Corvettencapitän Plüddemann auf einer Fahrt in der Südsee: „Am 28. bei Sonnenuntergang trat wiederum die Erscheinung eines ausgedehnten Riffes mit gelblichgrünem
Wasser und deutlich zu unterscheidenden mehrfachen Bran-
dungslinien auf. Sämmtliche Officiere waren überzeugt, dass
es wirklich ein Riff sei. Erst nachdem einige in Topp gegangen waren, erkannten sie die Augentäuschung. Solchen
Erscheinungen sind vielleicht die mehrfach wiederkehrenden

---

1) Anmerkung. So lotete das englische Vermessungsschiff
Egeria im Jahre 1889 vergeblich nach acht auf den Seekarten des
grossen Oceans eingetragenen Untiefen. (Annalen der Hydrographie.
1889. S. 480.)

Meldungen über neu entdeckte Riffe, welche später aber
nicht wieder aufgefunden werden können, zuzuschreiben.
Ein Kauffarteischiff unter Segel wird, sobald es eine solche
Erscheinung bei dem dann stets schwach wehenden Winde
bemerkt, machen, dass es aus der unheimlichen Nähe
kommt und dem Spuk nicht zu Leibe gehen.   Solchen
Meldungen ist nur dann Glauben zu schenken, wenn ge-
nügend Wind vorhanden war, um keine Stillenstreifen aufkommen zu lassen.[1])

Da in früheren Jahrhunderten ausschliesslich Segel-
schiffe in Gebrauch waren, so wird während dieser Zeit
eine Controlle der Erscheinungen viel seltener vorgekommen
sein als jetzt.   Daher werden auch selten andere Beobachtungen als die der Ortslage des Riffes gemacht.   Wo es
dennoch geschieht, ist es die grosse Nähe des Riffes an
der Küste und seine Lage in einem vielbesuchten Meerestheil oder ein unfreiwilliger Aufenthalt auf dem Fels, welcher
zu einer eingehenden Untersuchung veranlasste.   Von diesen
Untersuchungen blieben aber sicherlich viele unveröffent-
licht, da man seinen Mitbewerbern im Handel nicht die
Wege zu seinen Erfolgen zeigen wollte.   So kommt es,
dass wir trotz der zahlreichen und grossen Seefahrten,
welche im 15. und 16. Jahrhundert unternommen wurden,
nicht viel über unsern Gegenstand vernehmen.   Es ist das
eine um so auffälligere Thatsache, als das rothe Meer,
welches schon im Alterthum einen wichtigen Handelsweg
bildete und lebhaften Seeverkehr erzeugte, reichlich mit
Korallenbauten ausgestattet ist.   Aber weder scheint eine
eingehende Beschreibung noch eine genaue Karte dieser
Bauten aus dem Alterthum oder dem Mittelalter zu existiren.
Wenn Plinius schreibt: „Rubrum (scil. mare) enim et totus
Orientis oceanus refertus est sylvis,"[2]) so erfahren wir nur,
dass die Riffe eine vielzackige, zerrissene Oberfläche aufweisen.   Erst aus dem Jahre 1540 haben wir eine gute
Beschreibung des Fahrwassers, der Inseln und Riffe des
rothen Meeres von D o m J u a n d e C a s t r o, welcher eine portu-

---

1) Annalen der Hydrographie. B. 14. S. 474.
2) Plinius, hist. nat. LXXXII c. 2.

giesische Flotte durch dieses Meer begleitete. Da mir nur
ein Auszug [1]) seines Werkes zur Verfügung stand und dieser
vielfach so mit Notizen des Herausgebers durchsetzt ist,
dass man nicht unterscheiden kann, was von ihm und
welche Beobachtungen von Dom Juan de Castro herstammen,
so habe ich nicht viel mehr daraus entnehmen können, als
dass de Castro die Haupteigenthümlichkeit der Riffe in
jenem Meerestheil, einen schiffbaren Kanal mit dem Land
einzuschliessen, erkannte. Die Anwesenheit von Korallen
auf den Riffen fasste er jedoch wohl nur als eine Begleit-
erscheinung, aber nicht als causa efficiens auf. Dasselbe
gilt von Pyrard, welcher sich von 1601 — 1611 auf den
Malediven aufhielt und der der erste zu sein scheint, welcher
uns näher mit Koralleninseln und Riffinseln des offenen
Meeres bekannt macht. [2])[3]) Er schreibt über das Vorkommen
von Korallen: „Man begegnet hier auch einer Menge von
Zweigen einer grossen Koralle, die aber rauh und porös
ist," [4]) (nämlich im Gegensatz zur Edelkoralle). In seinem

1) Histoire générale des voyages. Tome I. Paris 1744. S. 199.
2) Histoire générale des voyages. Tome VIII. Paris 1750. S. 242.
3) Dass schon vor Pyrard Beschreibungen von Atollen nach
Europa gekommen sind, scheint mir aus der Beschreibung der Insel
Utopia gefolgert werden zu können, die Thomas Morus in seiner
Schrift „De optima statu rei publicae de que nova insula Utopia,
Löwen", 1516 giebt. Die Insel Utopia hat nach Morus die Gestalt
eines Mondviertels, dessen Hörner ungefähr 1100 Schritte weit entfernt sind. „Dies ungeheure Bassin," heisst es weiter (Utopia von
Thomas Morus, Deutsch von Hermann Kothe, Universalbibliothek von
Reclam, No. 513 u. 514, S. 55) „wird vom Meere ausgefüllt; die
dasselbe amphitheatralisch begrenzenden Länder brechen hier die
Wuth der Winde, besänftigen die empörte Woge und geben dieser
grossen Wassermasse den Anschein eines ruhigen Sees. Dieser aus-
gehöhlte Theil der Insel gleicht einem einzigen, äusserst geräumigen
und von allen Seiten zugänglichen Hafen. Die Einfahrt in den Meerbusen ist wegen der Sandbänke auf der einen und der Klippe auf
der andern Seite gefährlich. In der Mitte erhebt sich ein Felsen,
der in bedeutender Ferne gesehen wird und deshalb durchaus unschäd-
lich ist. Andere unter dem Wasser verborgene Felsen legen den
Schiffen unvermeidliche Schlingen. Nur die Eingeborenen kennen die
fahrbaren Stellen. — Traditionen zufolge, die übrigens in der geographischen Gestalt des Landes vollkommen Bestätigung erhalten,
war dasselbe nicht immer eine Insel."
4) a. a. O.

Berichte zeigt er, dass er alle characteristischen Merkmale der Riffe des offenen Meeres richtig erfasst hat. Er berichtet: „Sie (die Malediven) sind in 13 Provinzen getheilt, welche man Atolle (Atollon im französischen Original) nennt, welche Theilung das Werk der Natur ist, denn jedes Atoll ist vom andern getrennt und enthält selbst eine Anzahl Inseln. Es ist ein wunderbarer Anblick, jedes Atoll von einer Steinbank umgeben zu sehen. Sie sind beinahe rund oder von ovaler Figur und sind von einander durch mehr oder weniger breite Kanäle getrennt. Das Wasser innerhalb jedes Atolls ist bis zu 20 Brassen (48,72 m) tief. Die Oeffnungen durch das Riff sind nicht sehr gross und jede ist von zwei Inseln begleitet. [1]) Das Wasser läuft in ihnen sehr schnell." Das Wasser in der Lagune schildert er richtig als klar, so dass man den sandigen und steinigen Grund sieht. Doch befinden sich in ihm eine grosse Menge Untiefen, welche der Schifffahrt hinderlich sind und sie sehr gefährlich machen. Die Tiefe der Kanäle soll nach ihm so gering sein, dass man während der Ebbe von einer Insel zur andern, ja von einem Atoll zum andern gehen kann und „die Einwohner", fügt Pyrard hinzu, „würden keine Schiffe nöthig haben, um sich zu besuchen, wenn sie nicht menschenfressende Fische und die spitzen, scharfen schneidenden Felsen fürchteten." Die Angabe über die geringe Tiefe der die einzelnen Inseln eines Atolls scheidenden Kanäle widerspricht für die meisten den heutigen Zuständen. Noch viel weniger ist die gleiche Angabe für die Kanäle zwischen den einzelnen Atollen mit unserer Kenntniss von den Tiefenverhältnissen im Maledivenarchipel in Einklang zu bringen, da sie Tiefen bis zu mehreren Hunderten von Metern aufweisen. Entspräche Pyrards Angabe wirklich den damaligen Zuständen, so müsste eine ganz beträchtliche Niveauveränderung stattgefunden haben,

---

1) Die letzte Bemerkung ist in dieser allgemeinen Fassung entschieden nicht richtig, obgleich die erwähnte Erscheinung eine weit verbreitete und sicherlich mit der Entstehung der Riffinseln in Zusammenhang zu bringen ist. Vergleiche hierzu Hoffmann, „Wahrnehmungen an einigen Korallenriffen der Südsee." Verh. d. Berl. Ges. f. Erdk. B. IX. 1882. S. 229.

was aber nicht gut anzunehmen ist, da dann die Inseln
kaum noch über Wasser stehen könnten, denn es würde
ein Wachsthum der Korallenthiere voraussetzen, welches
jedes bis jetzt Beobachtete weit überträfe. Aber selbst die
Möglichkeit eines solchen raschen Wachsthums zugegeben,
so würde doch die Inselbildung nicht mit ihm haben Schritt
halten können.

Noch an einer anderen Stelle macht Pyrard eine mit
den Thatsachen in Widerspruch stehende Angabe, indem
er bemerkt, dass jedes Atoll vier nach den Richtungen des
Windes angeordnete Oeffnungen habe.

Zutreffend dagegen sind seine Bemerkungen über die
Veränderlichkeit der Inseln. „Ein grosser Theil dessen,
was mit dem Namen Insel belegt wird, sind nur kleine
Sandflecken, welche die Strömungen und Hochfluthen jeder-
zeit benagen und davontragen. Sie stehen zur Fluthzeit
theilweise unter Wasser und sind unbewohnt." [1]

Diese Mittheilungen über die Beweglichkeit der Korallenriffe sind um so interessanter, als man dieser Erscheinung erst in neuerer Zeit wieder Aufmerksamkeit
geschenkt hat, sie gleichsam wieder neu entdeckte und
ihren Einfluss auf unsere Anschauungen über die Bildung
der Korallenriffe und -inseln erkannte. Pyrard ist übrigens
nicht der erste, der uns davon Nachricht bringt. In einer
indischen Handschrift, deren Entstehung vor das Jahr 1500
gesetzt wird, befindet sich eine Stelle von dem alten Geo-
graphen Biruni,[2] welche denselben Vorgang von den
Inseln der Laccadiven und der ganzen südlich davon gelegenen Reihe beschreibt. „Les unes viennent de naître;
elles apparaissent sous la forme de monceaux de sable, qui
grosissent, s'étendent et s'agglomèrent en terres solides,
tandisque d'autres s'ébranlent, se décomposent et se fondent
peu à peu dans la mer. Quand les habitants s'apercoivent
de l'insecurité du sol, qui les porte, ils se retirent dans
quelque île en voie de croissance, ils y transportent leurs
cocotiers, leur palmier, leurs grains et leurs ustentiles et y
établissent leurs demeures.

---

1) a. a. O.
2) Journal asiatique, Sér. 4. Bd. 4. S. 265.

Elisée Réclus[1]) will in diesen Worten allerdings nur
die Ausklänge jener alten Fabel von irrenden Inseln erkennen, welche durch die schwache Erhebung und die
Unsicherheit in der Schätzung der Zahl der Inseln entstanden sein soll, aber wenn schon der Bericht des Biruni
recht sagenhaft klingt und sicherlich keine eigenen Beobachtungen ihm zu Grunde liegen, so wird man in Rücksicht auf die über die Veränderlichkeit der Inseln an zahlreichen anderen Atollen gemachten Wahrnehmungen immer-
hin annehmen dürfen, dass er nicht allein ein Erzeugniss
der Phantasie ist, sondern auf Thatsachen ruht.[2])

So waren bis zur Mitte des 17. Jahrhunderts die beiden
Hauptformen, in welchen Korallenriffe auftreten, beschrieben
und auch die ihnen characteristischen Merkmale den Be-
obachtern aufgefallen und hervorgehoben, nämlich das
beiden gemeinsame Merkmal besonderer Gefährlichkeit für
die Schifffahrt wegen der spitzzackigen, aus hartem widerstandsfähigem Gestein gebildeten Ränder, sowie die lineare
Anordnung der einen und die fast ringförmige der andern
Riffe; aber doch war es noch nicht klar zum Bewusstsein
gekommen, dass man in diesen Riffen selbständige Riffformen vor sich hatte, welche einen ihnen eigenthümlichen
Weg der Entwickelung zurückgelegt hatten. Am ersten
musste diese Erkenntniss an den Atollen gewonnen werden,
deren ringförmige Gestalt bei allen, die sie sehen, gerechtes
Erstaunen hervorruft. Auch Pyrard erschienen die Atolle,
wie schon oben bemerkt, als ein höchst wunderbares Werk
der Natur und bei ihm finden wir auch den ersten Versuch, wenn auch nicht die characteristische Gestalt, aber

---

1) Elisée Réclus. Vol. 8. S. 615.
2) Woods Angaben, welche ich hier folgen lasse, sprechen allerdings für die Ansicht von Réclus. „They (die Eingeborenen der
Laccadiven) denied," schreibt Wood, „to have been ever remarked
any change in the general features of any single islet or even heard
of their being at any period in a less forward stage of formation that
appear at present, nor could I discover any tradition among which
would lend even a colouring to this supposition (Journal of Geogr.
Soc. London 1836). Birunis Bericht bezieht sich jedoch nicht allein
auf die Laccadiven, sondern auf die ganze Atollreihe südlich von
Indien.

doch die Entstehung der Maledivenatolle im Allgemeinen
zu erklären. „Es sind viele Anzeigen vorhanden,“ so
schreibt er, „dass alle diese Inseln auf einer grossen
Steinbank stehen, so dass man denken möchte, dass es
eine einzige Insel war, welche die Gewalt der Fluthen zer-
schnitten hat.“[1])

So bedeutungslos dieser Erklärungsversuch auch erscheint, so müssen wir uns doch vergegenwärtigen, dass
er, so lange die Betheiligung der Korallen am Aufbau dieser
Riffe noch nicht richtig erkannt war, von vorn herein ein
unzulänglicher sein musste. Auch hat sich derselbe Gedanke, selbst in unserm Jahrhundert, als man schon eine
ziemlich gute Kenntniss von der Natur der Korallenriffe
hatte, wieder geltend zu machen versucht.[2])

Die früheste Bemerkung über das Auftreten der Korallen als Felsmassen findet sich bei Linschoten[3]) in dem
Jahre 1638. Ehrenberg[4]) theilt uns mit, dass Linschoten
die Bassas de India zum grössten Theil aus „pierre de
corail“ zusammengesetzt hält und auch Korallenfels von
der Küste von Madagaskar erwähnt. Ehrenberg bemerkt
hierzu, dass aus der einfachen Form, in welcher diese
Mittheilung geschieht, fast hervorgehe, dass schon in der
Mitte des 16. Jahrhunderts der Name Korallenfelsen für
Klippen des Südmeeres bei den Schiffern in gewöhnlichem
Gebrauch gewesen ist, obschon er selbst keinen weiteren
Beleg dafür zu geben vermöge. Der Umstand, dass Pyrard,
wie oben gezeigt, über die Anwesenheit von Korallen nur
ganz obenhin eine Bemerkung macht, ohne von Korallenfels zu reden, scheint dieser Annahme nicht günstig zu
sein. In die Gelehrtenwelt ist der Ausdruck Korallenfels
sicherlich erst viel später gedrungen, denn la Croix kennt
ihn in seiner Geographia universalis aus dem Jahre 1677
noch nicht. Im andern Falle würden sich wohl auch aus

---

1) Histoire générale des voyages. T. VIII. S. 242.
2) Wilkes in Narrative of the U. St. Exploring Expedition.
B. 4. S. 268.
3) Histoire de la vavigation de Linschot. 1638.
4) Abhandl. der Acad. d. Wissensch. z. Berlin 1832. Theil I.
Gedruckt 1834. S. 394.

dem 17. Jahrhundert noch andere Zeugnisse beibringen
lassen, aber die nächste Bemerkung zu diesem Gegenstand
findet sich, soviel bis jetzt bekannt, erst im Jahre 1702.
Allerdings tritt die Erkenntniss von der selbstthätigen Bildung
von Fels von Seiten der Korallenthiere dann auch viel be-
stimmter und klarer auf. Strachan sagt nämlich: „Es
wachsen zwischen den Korallenthieren immer neue auf, bis
dass es an Dicke einem Felsen gleicht." [1])

Das späte Erkennen der felsbildenden Thätigkeit der
Korallenthiere, insbesondere das so späte Eindringen dieser
Erkenntniss in die wissenschaftlich gebildeten Kreise er-
erklärt sich leicht daraus, dass man bis zum Anfang des
18. Jahrhunderts die Korallenthiere für pflanzliche Gebilde
hielt. Man kannte damals noch kein Beispiel dafür, dass
sich Pflanzen am Aufbau der Erdoberfläche betheiligen
und von den Korallen konnte man dies um so weniger
annehmen, als die weitverbreitete und schon von den Alten
vertretene Anschauung herrschte, dass die Koralle erst
ausserhalb des Wassers ihre steinharte Beschaffenheit an-
nimmt, eine Anschauung, deren Grundlosigkeit darzuthun,
Ehrenberg[2]) noch im Jahre 1832 für nothwendig hielt.
Was für einen Eindruck der Anblick der die Riffe bildenden
Korallen auf den Beschauer damals machte, das geht recht
deutlich aus den schon oft angeführten[3]) Worten hervor,
die Thomas Shaw, welcher im Jahre 1821 die Halbinsel
Sinai besuchte, dem Riffbilde widmet. Er bemerkt,[4]) „das,
was der Botanik an den Küsten Arabiens an den Klassen
der Landpflanzen mangelt, ist reichlich durch Seepflanzen
ersetzt, indem es vielleicht keinen Ort der Erde weiter
giebt, der so reichliche Mengen davon enthält, als der Hafen
von Tor," und er beschreibt dann die Korallen als Bäume,
Sträucher und Seepilze mit Wurzeln und Blättern. Erst
nachdem Peysonnel im Jahre 1727 und nach ihm mit mehr

---

1) Strachan, in Philosophical Transactions. Vol. 23. 1702.
S. 1248. S. auch Ehrenberg a. a. O.
2) Abh. d. Akad. a. a. O.
3) a. a. O. S. 381, auch Ritter, Erdkunde B. 16. S. 466.
4) Shaw, Voyage, Traduction française. T. II. p. 85.

Erfolg Jussieu (1741), Guettard[1]) (1742) und Donati (1753)[2]) festgestellt hatten, dass die Korallen dem Thierreiche zu- zuweisen sind,[3]) waren alle Hindernisse beseitigt, welche die Vertreter der selbstthätigen Felsbildung der Korallen fanden. Rasch gewannen dann auch ihre Ansichten von der Riffbildung Boden, wie aus den Berichten von Peter Forskal,[4]) welcher im Jahre 1742 mit Niebuhr das rothe Meer als Zoologe und Botaniker besuchte, hervorgeht. War der Gedanke von der Felsbildung der Korallen einmal in seiner ganzen Tragweite erfasst, so musste man die Riffe mit ganz andern Augen ansehen, und ihre Be- trachtung musste eine grosse Anzahl Fragen hervorlocken, die vorher unmöglich gewesen waren, besonders Fragen über die Wachsthumsverhältnisse der Thiere, über die Art ihrer Vermehrung, über das Wachsthum der Riffe selbst, über ihre Mächtigkeit und ihre Verbreitung. Einige dieser Fragen sucht denn auch Forskal zu beantworten. So schreibt er über die Grösse der Korallenstöcke: „Usque ad decem Orgyas vidi haec saxa surgentia".[5]) An einer andern Stelle heisst es: „Montes coralliferi ab urbe Tor usque ad Ghonfadam ripas muniunt sub marinas densissime, post hanc urbem versus meridiem rariores evadunt (an desinant plane, nescio), ita ut nautae quandumvis timidi et inexperti jam securis navigent velis nocturno quoque tempore. Suensia littora nesciunt corallia". In diesen Worten schil- dert er, wie schon Ehrenberg hervorhebt,[6]) die allgemeine Verbreitung und die Erscheinung der Korallenriffe im rothen Meere in völlig zutreffender Weise.

---

1) Die ersten Andeutungen der Thiernatur der Korallen (Polypen) fallen übrigens in eine weit frühere Zeit. Vergl. Rondelet: Universal aquat. historiae pars altera. 1555. S. 133. Conr. Gesner, (Historia animalium. Lib. IV. 1558. S. 438, 818, 1066.) Imperato, Historia naturale de ferrante imperato napolitano. 1590. S. 117.

2) Leuckart, „Die Zoophyten," im Archiv für Naturgeschichte 1875.

3) Donati, Della storia naturale mari dell. Adriatico. Venez. 1753.

4) Peter Forskal. Descriptio animalium. 1775. S. 132.

5) a. a. O. p. XXIX.

6) Abh. der Academie der Wissensch. zu Berlin 1832. Gedruckt 1834. T. I. S. 402.

Eingehendere Studien über die Riffbildung konnte man
jedoch auch jetzt noch nicht erwarten, wo der Gedanke
der Thiernatur der Korallen den forschenden Geist auf die
Thierform hinwies, auf die Form, die ihn so sehr ans
Pflanzenreich erinnerte und die er doch als Thier denken
sollte. Ein tieferes Verständniss der Gestaltsverhältnisse
der Riffe hätte auch nur auf Grund der biologischen Eigenthümlichkeiten der Korallenthiere gewonnen werden können,
sowie mit Zuhilfenahme geologischer und maritimer Studien,
welche fast alle gänzlich ausserhalb der Forschungsrichtung
dieser Zeit lagen. Daher bringen uns auch die grossen
Weltumsegelungen der damaligen Zeit, die von Byron,
Wallis und Bougainville wenig mehr von den vielen Riffen
des indischen und grossen Oceans als Allgemeines über
ihre Erscheinung und Verbreitung. Freilich ein so ein-
seitiges Interesse wie in dem vorhergegangenen Zeitalter
bringt man den Riffen nicht mehr entgegen, musste doch
die Ringform der Atolle jetzt um Vieles mehr an Be-
wunderung gewinnen, insbesondere da es nicht mehr Aben-
teurer waren, wie so vielfach im 16. und 17. Jahrhundert,
die an der Spitze der Entdeckungsexpeditionen standen,
sondern hochgebildete Männer. So offen die Augen aber
auch den Erscheinungen auf dem Riffe folgten, so konnten
sie doch nicht das finden, was nur ein längerer Aufenthalt auf
ihnen zu erschliessen vermag. Die Flüchtigkeit, mit welcher
alles an ihnen vorüberzog, die grosse Mannigfaltigkeit der
Eindrücke, welche eine Erforschungsreise durch weite
Strecken der Erdoberfläche mit sich bringt, alles das war
mehr einer Stoffsammlung, als Verarbeitung günstig und
musste die Blicke mehr auf das Allgemeine, als auf das
Specielle lenken.

Wir vernehmen daher jetzt nur, dass das, was Pyrard
von den Malediven berichtet, die Charactere einer weit-
verbreiteten Inselgattung sind, die ihre Vertreter fast in
allen heissen Gegenden findet, ferner dass eines ihrer
Hauptmerkmale in ihrer **Niedrigkeit** und geringen Ausdehnung besteht, dass fast **alle Riffe beinahe senkrecht** wie
eine Mauer aus einer unergründlichen Tiefe aufsteigen,
bei Fluth in geringer Tiefe unter dem Spiegel des Wassers

liegen, bei Ebbe aber eine breite, trockene Fläche dar-
stellen.

Nirgends jedoch begegnet man in dieser Zeit einem
Versuch, die Form der Riffe zu erklären. Der erste nach
Pyrard, der uns mit einem solchen bekannt macht, ist
Reinhold Forster,[1] der wissenschaftliche Begleiter Cooks
auf seiner zweiten Reise um die Welt in den Jahren
1772—1775. Forster ist auch der erste, welcher die Korallen-
bauten systematisch untersucht und einer wissenschaftlichen
Betrachtung unterwirft.[2]

Damit führt uns Forster in die dritte Periode der Geschichte unserer Kenntnisse von den Korallenbauten ein.

III. Geschichte unserer Kenntnisse von den Korallenbauten vom Jahre 1778 bis zum Jahre 1837.

Im Jahe 1778 erschienen Forsters Observations made
during a voyage round the world, worin der berühmte Reisende
seine Ansichten über die Korallenbauten niedergelegt hat.

Forster spricht zum ersten Male klar und deutlich aus,
dass die Korallenbauten auf die heisse Zone beschränkt
sind und fasst jene Grenzen als die ihrer Lebensbedingungen
auf.[3] Was er über die äussere Erscheinung der Koralleninseln mittheilt, enthält nichts Neues, um so bemerkens-
werther aber sind seine Bemerkungen über die Entstehung
der Riffe und Riffinseln. „Das Riff," schreibt er,[4] „wird
von den Lithophytenwürmern bis auf eine geringe Distanz
von der Oberfläche des Meeres auferbaut. Die Wellen
des Meeres spülen nach und nach allerhand Muscheln, Tang,

---

1) Johann Reinhold Forsters „Observations made during a
voyage round the world" erschienen als der dritte Band zu Cooks
zweiter Reise. Von seinem Sohne Georg Forster wurde das Werk
deutsch herausgegeben unter dem Titel: „Johann Reinhold Forsters
Bemerkungen auf seiner Reise um die Welt. 1783.

2) Forsters Beobachtungen an Korallenriffen sind zusammengestellt und richtig gewürdigt von Rittau in Joh. Rittau: Joh. Forsters
Bemerkungen auf seiner Reise um die Welt. Programm des Gym-
nasiums zu Hanau 1881.

3) Rittau, a. a. O. S. 6.

4) Joh. R. Forsters Bemerkungen auf seiner Reise um die Welt.
Herausgegeben von G. Forster. S. 127.

Korallenstücke, Sand und dergleichen auf diese neu erbaute Mauer, welche, durch alle diese Zusätze erhöht, zuletzt aus dem Wasser hervorsteigt. Noch fährt die See fort, neue feste Theilchen aufzuwerfen und führt, wenn es nicht ein Vogel thut, die Samen der Strandkräuter dahin. Das Wachsthum, die Fortpflanzung, das Absterben dieser organischen Körper giebt endlich einen Vorrath von Pflanzenerde, und nun fehlt es nur noch an einem glücklichen Zufall, der eine Kokosnuss herschwemmt, welche bekanntlich ihre vegetirende Kraft sehr lange behält und in jeder Art des Bodens Wurzel schlägt. Auf diese Art können wir uns die allmähliche Entwicklung der schönsten Palmenwälder auf allen niedrigen Eilanden denken." Alle neueren Beobachtungen haben diese Darstellung nur ergänzen können.

Die Form der Atolle, die Forster zirkelförmig nennt, erklärt er in folgenden Worten. [1] „Die Würmer, welche das Riff erbauen, scheinen den Trieb zu haben, ihre Behausung vor der Macht des Windes und des ungestümen Meeres zu sichern. Daher legen sie ihre Korallenfelsen in heisse Erdstriche, wo der Wind mehrentheils immer aus derselben Gegend weht, dergestalt an, dass sie gleichsam eine kreisförmige Mauer bilden und einen See vom übrigen Meere absondern, wo keine häufige Bewegung stattfindet und der polypenartige Wurm eine ruhige Wohnung erhält." Dabei war Forster der Ansicht, dass die Korallen vom Boden des Meeres aus bauten. Dies zusammen mit dem den Korallen in den oben angeführten Worten beigelegten Streben nach einem vertikalen Wachsthum erklärte ihm den steilen Absturz der Riffe; denn dann werden die Inseln „gleichsam auf einem Stile stehen".[2] Forster ist auch der erste, welcher die Hebung eines Landes nach der Höhe der Korallen-Inseln und -Riffe bestimmt.[3]

Alle Beobachtungen Forsters haben sich als zutreffend erwiesen, aber was der geistreiche Mann über die Atollbildung sagt, hat man nicht anerkennen können. „Es ist

---

1) Forster a. a. O. S. 128.
2) Forster a. a. O. S. 125.
3) Rittau a. a. O. S. 33.

eine unhaltbare Meinung," sagt Du Bois Reymond, [1] „weil
erfahrungsmässig diese Thiere nicht in grossen Tiefen
leben, weil es naturwidrig wäre, dass eine grosse Anzahl
verschiedener Gattungen, wie sie in den Korallenbauten
vorkommen, zu gemeinsamen Zwecke sich verbinden, weil
gerade in der Lagune die Korallenthiere nicht gedeihen,
endlich weil bei dieser Erklärung die Beschränkung der
Atolle auf gewisse Regionen unbegreiflich bliebe." Der
letzte Einwurf ist in so fern nicht ganz gerechtfertigt als
Forster die Koralleninseln als „unter Wasser liegende Ge-
birgsketten, deren Gipfel hervorragen," [2] auffasste, ihre
Lage demnach für ursprünglich, aber nicht von den Lebensbedingungen der Thiere abhängig hielt. Auf den Widerspruch, in dem sich Forster hierzu mit seiner Ansicht, dass
die Korallenthiere vom Grunde des Meeres aufbauen, befindet, machen schon Quoy und Gaimard aufmerksam. [3]

Was wir von Forster über die Korallenbauten erfahren,
sind im Wesentlichen die Hauptzüge ihrer äusseren Erscheinung und ihrer Bildung, ist das, was sich einem
klaren, mit wissenschaftlichem Geiste forschenden Auge bei
einer Reise, wie sie Forster unternahm und bei den geringen Hilfsmitteln, die ihm zu Gebote standen, aufdrängen
musste. Das weite Feld der Hydrographie, das Wissen-
schaftsgebiet, aus dem wir heutzutage soviel zur Beurtheilung
unseres Gegenstandes schöpfen, war damals so gut wie
gar nicht angebaut. So hatte Forster zum Beispiel noch
ganz unvollkommene Kenntnisse der Tiefseetemperaturen.
Aus wenigen höchst unzulänglichen Versuchen schloss er,
dass in den Tropen zwar die Temperatur des Wassers in
der Tiefe kühler sei, als an der Oberfläche, in den höhern
Breiten aber theils wärmere Schichten mit kälteren wech-
selten, theils die Wasserwärme constant bliebe. [4]

Der nächste nach Forster, der unsere Kenntnisse
über die Koralleninseln und ihre Bildung bereichert, ist

---

1) Sitzungsberichte der königl. Acad. d. Wiss. zu Berlin. 1889.
S. 688.
2) Forster a. a. O. S. 21.
3) Annales des sciences naturelles. T. VI. 1825. S. 286.
4) Forster a. a. O. S. 52.

James Cook,[1] der grosse Seefahrer. Von ihm erfahren wir, dass in der Gelehrtenwelt der damaligen Zeit die Ansichten über die Herkunft der Koralleninseln sehr auseinandergingen. In der Beschreibung seiner dritten Reise, welche aus seinen Tagebüchern zusammengestellt ist und im Jahre 1785 erschien, schreibt er: „Die Gelehrten, welche die Bildung der verschiedenen Weltgegenden zu erklären suchen, sind über den Ursprung der niedrigen Inseln nicht einig. Die einen meinen, dass sie einst vereinigt gewesen seien und ein höher gelegenes Land ausgemacht haben, welches in Folge von Erdrevolutionen theilweise vom Meere verschlungen worden sei und dessen höhere Theile, welche sich noch aus dem Wasser erheben, ebenfalls eines Tages verschwinden würden. Andere Gelehrte sind der Meinung, dass sie durch Erderschütterungen hervorgebracht worden und Wirkungen von innern Convulsionen des Erdballs seien. Eine dritte Ansicht, welche mir die wahrscheinlichste ist, sieht in ihnen Untiefen oder Korallenbänke (des bas fonds ou des bancs de corail), welche allmählich wachsen."[2] Cook hält dann den beiden ersten Hypothesen entgegen, dass die niedrigen Inseln nur eine dünne Schicht Ackerkrume aufweisen, was ein Beweis ihres geringen Alters sei und woraus gefolgert werden müsse, dass sie nicht die Reste einer grösseren Insel sein könnten. Beide Annahmen verlangten auch grosse Landflächen und zwar aus primitiven Gesteinen, während die Inseln doch alle sehr klein wären und aus Sedimentgesteinen beständen.

Wenn Cook die niedrigen Inseln für Korallenbänke hält, die nur durch ein allmähliches Wachsthum die Oberfläche des Wassers erreichen, so schliesst er sich Forster an, soweit er sie aber aus Untiefen — des bas fonds, worunter er wahrscheinlich Sandbänke meint, die durch Anschwemmung dem Meere entsteigen — entstehen lässt, vertritt er eine selbständige Ansicht.[3]   Ueber die Bildung der Insel auf dem Riff spricht sich Cook nirgends näher aus. Jedenfalls

---

1) Cook, Troisième voyage de Cook. Traduits de l'anglais 1785. Bd. I. S. 277. Das englische Original erschien 1784.

2) Cook a. a. O.

3) Eine ähnliche Meinung hatte schon Dalrymple im Jahre 1769 ausgesprochen, welcher sich die Korallen auf dem Grunde des Meeres

hielt er es für eine selbstverständliche Sache, dass sie Anhäufungen der von der Gewalt der Wellen losgebrochenen
Rifftrümmer waren. Dies darf man aus seinen Bemerkungen
über das Wachsthum der Inseln schliessen, über das er sich
ziemlich eingehend verbreitet.

Ein Beweis dafür, dass ein Breitenwachsthum der Inseln
stattfindet, ist ihm die Anwesenheit grosser aufrechtstehender
Blöcke von Korallenfels jenseits des Fluthbereiches in der
Mitte der Insel, welche dasselbe durchlöcherte Aussehen
haben, wie die Felsen, die jetzt den Aussenrand des Riffes
zusammensetzen. Es müssen die Wogen früher diese Blöcke
bespült haben, folgert Cook. Ein zweiter Beweis ist
ihm die allmähliche Stufenfolge in der Entfaltung der
Inselvegetation, denn dieselben Pflanzen, die in der Mitte
der Insel in voller Entfaltung standen, sah er — besonders
deutlich ausgeprägt war diese Erscheinung auf der Insel
Palmerston, nordwestlich von der Herveygruppe [1]) — mit
Annäherung an den Inselrand in immer jugendlicherem
Zustand und zuletzt nur als Keime. Das Wachsthum der
Insel denkt sich Cook in der Weise, dass der bei Sturm
aufgeworfene Sand einen Wall errichtet, welcher von den
gewöhnlichen Fluthen nicht erreicht wird. Die auf ihn
geworfenen Pflanzenkeime schlagen in ihm Wurzel und be-
festigen und erhöhen dadurch den Boden soweit, dass er
selbst von den nachfolgenden Sturmfluthen nicht mehr
getroffen wird, diese vielmehr einen neuen Wall vor ihm
aufwerfen, die Insel also wiederum erweitern. Unterstützt
wird dieser Vorgang durch das Wachsthum des Riffes,
wodurch fortwährend ein neuer Untergrund für den Aufbau
der Insel geschaffen wird. „Es scheint mir,“ schreibt Cook,
„dass das Riff und die Korallenbank sich von Tag zu Tag
ausdehnen. In dem Masse, als sich die Breite und Höhe
des Riffes vermehren, ziehen sich die Wellen zurück und

---

bilden lässt, von dem sie durch Strömungen und Stürme losgerissen
und auf Untiefen aufgehäuft werden. (Dalrymple, historical collection
voyage pacif. Vol. I. S. 22.)

1) Hier machte auch Anderson, der Schiffsarzt auf Cooks dritter
Reise, ähnliche Beobachtungen (Troisième voyage de Cook. Paris 1785.
Tome I. S. 279, Anmerkung.)

lassen einen trocknen Felsen hinter sich, der bereit ist,
Stücke zerbrochener Felsen zu empfangen. [1])
In consequenter Verfolgung der angeführten Gedanken
bringt Cook auch die niedrigen Inseln ohne Lagune mit
den übrigen Koralleninseln in Zusammenhang. „Man kann
nicht zweifeln", schreibt er, „dass das ganze Riff mit der
Zeit eine einzige Insel wird. Dies wird geschehen infolge
des Wachsthums schon gebildeter und der Bildung neuer
Inseln auf dem Korallenboden, welchem man in der Lagune
begegnet." [2])[3])

Es muss zugegeben werden, dass Cooks Ansichten über
das Wachsthum der Korallenriffe richtig sind, aber die
Gründe, mit denen er sie stützt, können nicht unbedingt
anerkannt werden. Das Vorhandensein von Steinen auf
der Insel, welche die Spuren der Thätigkeit des Wassers
tragen, kann aus verschiedenen Ursachen abgeleitet werden:
denn einmal können sie, und dies nehmen heute die meisten
an, Bruchstücke vom Rande des Riffes sein, welche Sturmfluthen oder Erdbebenwellen bis auf die Insel getragen haben,
und dann können sie auch Bruchstücke des Inselsteins selbst
sein und ihr löcherichtes Aussehen vom Süsswasser erhalten
haben. Der zweite Grund, welcher aus der stufenweisen
Entwicklung der Vegetation vom Inselrand· bis zur Grenze
des Baumwuchses (gradation, qui commence à quelques
pouces de la marque de la marée haute, et qui va jusqu'
au bord des arbres [4]) genommen ist, ist ebenfalls nicht ein-
wandfrei; denn nach unsern bisherigen Erfahrungen geht
das Wachsthum einer Insel so unmerklich langsam vor sich,
dass man wohl annehmen darf, die auf einem landfest
gewordenen Inseltheil wachsenden Pflanzen werden sich
längst voll entfaltet haben, ehe ein beträchtliches Stück
neuen Landes entstanden ist. Die Unterschiede in der Entfaltung der Pflanzen können also nicht, wenigstens nicht un-

---

1) Cook a. a. O. S. 280.
2) Cook a. a. O. S. 280.
3) Durch die neuesten Untersuchungen Guppys am Keelingatoll ist diese Meinung bestätigt worden. (Guppy in Scot. Geogr. Mag.
The Keelingatoll. 1889. Bd. VI.)
4) Cook a. a. O. S. 278.

mittelbar, auf zeitliche Differenzen zurückgeführt werden, wie Cook das will, welcher meint, dass „ces plantes ont germé à differentes époques". [1]) Der Grund dieser Erscheinung wird wohl auf die geringere Produktionskraft der neu gebildeten Inseltheile zurückzuführen sein.

Cook beobachtete auch, dass die Besamung der Insel auf der Seite unter dem Winde, der Westseite, rascher vor sich geht als auf der entgegengesetzten und schreibt dies den von Westen kommenden Sturmwinden zu. Chamisso, der später dieselben Wahrnehmungen machte, erklärt dies daraus, dass die Pflanzen hier mehr Schutz und andere ihrem Gedeihen günstige Umstände treffen. [2])

Das Problem der geographischen Verbreitung der Koralleninseln beschäftigte Cook ebenfalls. So schreibt er in dem Bericht seiner zweiten mit Forster unternommenen Reise: „Es würde eines Philosophen würdig sein, zu untersuchen, warum die Inseln im Winde der Gesellschaftsinseln so zahlreich sind und einen so grossen Archipel bilden (nämlich die Paumotugruppe), während sie jenseits dieser Gruppe von bergigen Inseln so zerstreut sind," [3]) damit eine Frage aufwerfend, die heute noch der Lösung harrt.

Suchen wir die Stellung Cooks in der Geschichte der Koralleninseln zu würdigen, so müssen wir ihm vor Allem das Verdienst zuerkennen, das Wachsthum der Inseln richtig beschrieben zu haben und müssen seine Mittheilungen als eine werthvolle Ergänzung der Forsterschen Bemerkungen schätzen. Cook konnte das Gebiet des Allgemeinen verlassen und uns mit Einzelheiten bekannt

---

1) Cook a. a. O. S. 279.

2) Chamisso schreibt: „Wir bemerken, dass Sämercien, die mit der Fluth über dem Riff getrieben werden, auf der innern Seite einer Insel unter dem Winde anlangen, mehr Schutz, bessere Erde und zu deren Aufkommen günstigere Umstände antreffen als die, welche die Brandung auf das Aeussere der Insel auswirft. (Kotzebue, Entdeckungsreise in die Südsee. Bd. III. S. 112). Auch die allmähliche Abnahme der Vegetation nach dem Inselrand zu beobachtete er und er zog auch den gleichen Schluss daraus wie Cook. „Der gegen den Rand der Insel zu niedrigere Wald scheint deren fortschreitende Erweiterung anzudeuten." (Kotzebue a. a. O. S. 100).

3) Cook. Zweite Reise. Paris 1778. Bd. III. S. 244.

machen, da er Gelegenheit hatte, seine Wahrnehmungen wiederholt prüfen zu können und alles anfangs etwa nur flüchtig Erfasste zu vertiefen. Es ist bezeichnend, dass wir erst in seinem Bericht über die dritte Reise Ausführlicheres über unsern Gegenstand vernehmen. Bei einer Vergleichung und Abwägung der Verdienste beider Männer darf jedoch niemals aus dem Auge gelassen werden, dass sie beide in regem Gedankenaustausch die Reise ausgeführt haben, und daher das, was sie geben, das Resultat gemeinsamer Gedankenarbeit darstellt.

Die in den folgenden Jahren unternommenen Reisen von La Pérouse, Vancouver und andern bringen keine Erweiterung unserer Kenntnisse von den Korallenbauten mit sich. Von Labillardière erhalten wir eine anschauliche Schilderung der Gefährlichkeit der Korallenriffe für die in ihrer Nähe segelnden Schiffe. Er schreibt: „Le danger qu'ils (les récifs) présentent est d'autant plus à craindre, qu'ils forment des rochers escarpés couverts par les flots et qui ne peuvent être aperçus, qu'à une petite distance; si le calme survient et que le vaisseau y soit porté par les courants, sa perte est presque inévitable; on chercherait en vain à se sauver en jetant l'ancre parcequ'elle sn'atteindroit pas le fond, même tout près de ces murs de corail élévés perpendiculairement du fond des eaux. Les polypiers dont l'accroissement continuel obstrue de plus en plus, le bassin des mers, sont bien capables d'effroyer les navigateurs et beaucoup de bas fonds, qui offrent encore aujourdhui passage, ne tarderont point à former des écueils extrémement dangereux." [1])

Im Jahre 1806 erscheint die Beschreibung einer in den Jahren 1792—1793 unternommenen Reise nach Cochinchina, worin John Barrow einige bemerkenswerthe Aeusserungen über die Koralleninseln macht. Barrow steht im Allgemeinen auf dem Standpunkt Forsters. Auch er glaubt, dass die Korallen sich am Grunde des Meeres ansiedeln, obgleich er seine Verwunderung darüber nicht zurückhalten kann,

---

1) Relation du voyage à la recherche de la Pérouse par Labillardière. An XIII de la république française.

dass sie zu leben vermögen, „wo Licht und Wärme, die doch zum thierischen Leben so wesentlich nothwendig sind, gar nicht oder doch nur spärlich hinkommen und nur schwach empfunden werden." [1])

Wie Forster meint auch Barrow, dass die ruhige See dem Wachsthum der Korallen dienlicher ist als das stürmisch bewegte Wasser. Er begründet seine Ansicht mit dem Hinweis auf den angeblichen Mangel grosser korallischer Felsenriffe und -inseln in der westindischen See. „Die häufigen Orkane des atlantischen Ozeans oder die vielfach reissenden Strömungen unterbrechen dort allzuhäufig die Arbeit der Thiere." [2])

Ueber die Art und Weise, wie die Korallen die Riffe erzeugen und die Inseln aufbauen, spricht er sich folgendermassen aus: „Aus der weichen und lederartigen Beschaffenheit der röhrenförmigen Oberfläche solcher Korallengebäude scheint zu erhellen, dass, wenn die alten Thiere sterben und ihre kalkartigen Zellen erhärten, die nachfolgenden Generationen ihre Arbeiten am Ende und auf den Seiten weiter fortsetzen und zwar jedes von ihnen nach der besondern Form, die ihm die Natur gleichsam dazu vorgeschrieben hat," [3]) und an einer andern Stelle: „Da die Zweige der Korallen und Korallinen so sehr zerbrechlich sind, so können allerdings die Materialien derselben durch irgend eine Operation zusammengekittet worden sein und zur Entstehung der formlosen Fundamente der Koralleninseln beigetragen haben. Allein die grossen Massen dieser Felsen sind grösstentheils Madreporen, Celliporen und Tubiporen." [4])

Aus diesen Worten geht hervor, dass man damals den kleinen, zerbrechlichen Korallinen und den schwächeren Arten der Korallen einen wesentlichen Antheil am Aufbau der Riffe zuschrieb. Dies macht uns die oben angeführten Meinungen von Dalrymple und Cook, welche die Riffe

---

1) Barrow, Reise nach Cochinchina. Bibliothek der Reisebeschreibungen von Sprengel. Bd. 38. 1808. S. 213.
2) Barrow a. a. O. S. 216.
3) Barrow a. a. O. S. 214.
4) Barrow a. a. O. S. 215.

durch Aufschüttung von zerbrochenen Korallenstücken entstehen lassen, verständlicher, denn diese fein verzweigten
Korallen können leicht zertrümmert und fortgeführt werden.
Barrow macht jedoch schon darauf aufmerksam, dass sich
die Hauptmasse der Koralleninseln aus den grossen Arten
der Korallen zusammensetzt und beschränkt die Wirksam-
keit der übrigen auf den Aufbau der Inselfundamente.
Da er diesen Fundamenten die grössern Massen der Korallenfelsen gegenüberstellt, so müssen wir annehmen, dass er
dem ganzen Bau nur eine geringe Mächtigkeit beilegte.

Um Gewissheit darüber zu erlangen, ob die niedrigen
Inseln, wie man das allgemein annahm, durchaus aus
Korallenfels aufgebaut und nicht etwa nur an ihren Rändern
aus dieser Gesteinsart bestehen, stellte er — es sind das
die ersten Versuche dieser Art auf Koralleninseln — auf
der Mitte von Nordeiland, einer kleinen Insel in der Nähe
der Sundastrasse, 90 Seemeilen von Batavia, Bohrungen
an, welche ergaben, dass das Gestein in 3 Fuss Tiefe aus
grossen Blöcken von Madreporen bestand.

Ein ähnliches Bild wie Forster und Barrow entwirft
auch F l i n d e r s von den Riffen und ihrer Entstehung. Flinders
hatte im Jahre 1801 die Riffe Australiens aufgenommen,
sein Werk darüber erschien aber erst im Jahre 1814.[1]
Durch ihn erfährt vor allen die Kartographie der Korallenriffe reiche Förderung. Er befuhr besonders das grosse
Kanalriff an der Ostseite Australiens, das er mit dem
Kanal vergleicht, welcher von der Halbinsel Florida und
der ihr vorgelagerten Riff- und Inselkette gebildet wird.
Seine Untersuchungen machen uns zunächst mit der Ausdehnung dieses Riffes und der beträchtlichen Tiefe des
von ihm eingeschlossenen Wassers, das eine ruhige Fahr-
strasse selbst für die grössten Schiffe abgiebt, bekannt.
Er macht dabei auf das Wechselverhältniss aufmerksam,
das hier zwischen Wassertiefe und Breite des Kanals und
des Riffes besteht. Iu demselben Maasse, in welchem
Kanal- und Riffbreite ab- und zunehmen, vermindert sich
und wächst die Wassertiefe, eine Erscheinung, die sich

---

1) Flinders, Reise nach Australien. Bertuch, neue Bibliothek
der wichtigsten Reisebeschreibungen. Bd. VI.

später als typisch für diese Riffgattung erwiesen hat. Seine
Erfahrungen über die Tiefenverhältnisse an den Riffen fasst
er in folgende Worte zusammen: „Je mehr unter dem
Winde, je niedriger das Wasser, scheint bei den Korallenriffen ein Gesetz zu sein." [1]) Damit tritt er in einen Gegensatz zu der von Semper vertretenen Ansicht, dass die auf
der Leeseite entstehenden, das Riff tangirenden Ströme die
Korallen zu einem senkrechten Wachsthum zwingen und
hier dadurch einen Steilabsturz erzeugen.

Da Flinders Gelegenheit hatte, in der Torresstrasse,
wo die Riffbildung mit besonderer Schnelligkeit vor sich
zu gehen scheint, die Inseln in den verschiedenen Zuständen
ihrer Entwicklung zu betrachten, so ist es erklärlich, dass
er zum Nachdenken über ihre Entstehung angeregt wurde
und wir von ihm Bemerkenswerthes darüber erfahren.

Auch er ist gleich seinen Vorgängern der Ansicht, dass
die Korallen vom Boden des Meeres aus ihre Bauten auf-
führen. Gleich Barrow scheint auch ihm die Art und
Weise der Fortpflanzung der Korallenthiere und die daraus
resultirende Bildung von Stöcken und Kolonien nicht hinreichend bekannt gewesen zu sein, denn er schreibt es
„einigen klebrigen Ueberbleibseln in ihnen oder einer besondern Eigenschaft des Salzwassers" [2]) zu, dass die Thiere
nach dem Tode aneinanderhängen bleiben. Richtig erkennt
er, dass die Korallen nicht mit ihrer Masse allein das
Riff erbauen, sondern dass Sand und zerbrochene Schalen
verschiedener Meeresbewohner die Lücken ausfüllen. „Nach-
folgende Thierchen," fährt er dann fort, „errichten ihre
Wohnung auf den entstandenen Bänken und sterben in
der Bemühung, dieses Denkmal ihrer wundervollen Arbeiten
zu erweitern, vorzüglich aber zu erhöhen. Die Sorge, in
den früheren Zeiten senkrecht zu bauen, beweist einen
erstaunenswerthen Instinkt in diesen kleinen Geschöpfen.
Ist ihre Korallenmauer, die mehrentheils in Gegenden liegt,
wo beständige Winde wehen, bis zum Meeresspiegel auf-
geführt, so gewinnen sie einen Schutz, unter dem sie ihre

---

1) a. a. O. S. 250.
2) a. a. O. S. 361.

erzeugten Kolonien sicher aussenden können, und dieser instinktmässigen Vorsicht scheint es zuzuschreiben zu sein, dass die dem Winde ausgesetzte Seite des Riffes, das der offenen See freisteht, gewöhnlich, wenn nicht durchaus, der höchste Theil desselben ist und in der Regel senkrecht, zuweilen aus einer Tiefe von 200 und mehr Faden emporsteigt. Es scheint zur Existenz dieser kleinen Thierchen erforderlich, dass sie immer mit Wasser bedeckt sind, denn sie arbeiten nicht jenseits des niedrigen Wasserstandes. Aber der Korallensand und andere zerstörte Ueberreste setzen sich an dem Felsen fest und bilden eine solide und so hohe Masse mit ihm, als die gewöhnlichen Fluthen reichen. Ist diese Höhe überstiegen, so verlieren die künftig anschwemmenden Ueberreste, weil sie nicht mehr bedeckt werden, ihre anhängende Eigenschaft und bilden, indem sie in einem lockern Zustande verbleiben, auf dem Gipfel des Riffes das, was man gewöhnlich den Schlussstein nennt." [1]) Hierauf folgt eine Beschreibung der Besiedlung der Insel mit Pflanzen in ähnlichen Worten wie bei Forster. An einer andern Stelle [2]) erfahren wir von Flinders auch noch einige Einzelheiten über das Bild eines fertigen Riffes.

Endlich beobachtete Flinders auch gehobene Korallenriffe, so bei Poiset Dover (142° 37′ 45″ ö. L. und 32° 52′ 51″ s. B.) einen 25 geographische Meilen langen Zug von 500 Fuss hohen Korallenklippen, deren Lage er „durch allmähliche Senkung des Meeresbodens oder plötzliche Zuckung der Natur" [3]) erklärt. Bei Bald Head (135° 40′ 30″ ö. L. und 35° 6′ 15″ s. B.) fand er ähnliche Riffe, „wo die Korallenzweige durch den Sand hindurchgewachsen waren, ganz so wie auf den Korallenbänken an dem Meeresspiegel." [4]) Diese Erscheinung hatte an demselben Orte schon Vancouver beobachtet und nur, um sich von der Wahrheit der Angabe Vancouvers zu überzeugen, besuchte er diesen Ort. Der hier empfangene Eindruck war

---

1) a. a. O. S. 361.
2) a. a. O. S. 346.
3) a. a. O. S. 216.
4) a. a. O. S. 194.

es, der ihn, im Gegensatz zu seinem Vorgänger, veranlasste, die Bildung des Inselfundamentes nicht aus einer Anschwemmung von Korallenbruchstücken zu erklären, sondern anzunehmen, dass die Korallen an dem Ort bleiben, an welchem sie wachsen und im Riffstein ihrer ursprünglichen Lage enthalten sind.

Wie aus den oben angeführten Worten hervorgeht, erklärte Flinders die Ringform der Atolle gleich Forster als eine von den Thieren zu ihrer Sicherung vor dem Wellenschlag aufgeführte Schutzmauer. Diese uns jetzt so naiv klingende Ansicht ist als ein Ausfluss der damals herrschenden deutschen Aufklärungsphilosophie zu betrachten, welche die Naturerscheinungen alle vom teleologischen Standpunkte aus betrachtete und erklärte. Sie musste um so annehmbarer erscheinen als sie gleichzeitig eine Antwort auf die Frage giebt, welchen Antheil das lebende Wesen und seine Daseinsbedingungen an dem Zustandekommen der Inseln und ihrer merkwürdigen Form haben, denn es musste jeder herausfühlen, dass hier Wind und Wellen nicht allein massgebend sein können. Ueber die Lebensbedingungen der Korallenthiere wusste man aber zu jener Zeit noch so gut wie gar nichts. Gab es ja selbst noch solche, welche daran zweifelten, dass die Korallen den Fels, den sie bewohnen, aus sich selbst erzeugt haben. So schreibt Maltebrun in seinem Prècis de la géographie universelle aus dem Jahre 1813: „Haben die Polypen oder Zoophyten sich die steinichten Körper, welche sie bewohnen, selbst geschaffen oder finden sie diese Wohnungen von der Hand der Natur bereitet vor? Dies ist gewiss eine der interessantesten Fragen für die physische Geographie, aber bislang sind die Beobachtungen zu oberflächlich und zu neu, als dass man die Frage vollständig entscheiden könnte."[1]

Aus den mangelhaften Kenntnissen der biologischen Verhältnisse der Korallenthiere ist es wohl auch zu erklären, dass Niemand den Versuch macht, einen anderen Weg zu

---

[1] Maltebrun, Prècis de la géographie universelle. Bd. IV. S. 232.

finden, der uns zu einer befriedigenderen Erklärung führen könnte. Daher scheint es auch ziemlich lange gedauert zu haben, ehe man sich von der Forster'schen teleologischen Betrachtung der Atollform freimachte, denn im Jahre 1832 schreibt Barrow [1]): „Wir wissen nur wenig über die physische Organisation und die Mittel, deren sie (die Korallenthiere) sich zur Ausführung ihrer gigantischen Bauten bedienen und haben ihre ungeheure Thätigkeit mit dem Ausdruck Instinkt bezeichnet; mit Hunter würden wir vorziehen, ihn den Sporn der Nothwendigkeit zu nennen." Damit ist allerdings alles Teleologische aus der Erklärung entfernt, gleichzeitig aber auch auf jede Erklärung Verzicht geleistet, denn der Begriff „Sporn der Nothwendigkeit" sagt nur, dass wir auch diese Naturerscheinung unter das Kausalgesetz zu stellen haben.

Wenn die Forster'sche Ansicht von der Entstehung der Riffe und Inseln sonach noch bis tief ins dritte Jahrzehnt unseres Jahrhunderts hie und da Anhänger gehabt haben mag, so findet sich unter den Autoren nach Flinders keiner mehr, der die Forster'sche Meinung zu einem andern Zwecke als dem der Widerlegung erwähnt.

Der nächste, der Nachrichten über unsern Gegenstand bringt, ist Péron [2]), welcher in den Jahren 1800—1804 die Baudin'sche Expedition als Naturforscher nach Australien begleitete. Ihm verdanken wir hauptsächlich eine Bestimmung der Grenzen der geographischen Verbreitung der Riffbauten, welche er im 34⁰ nördlicher und südlicher Breite findet, [3]) womit er sich mit unsern Erfahrungen, welche die Korallen ins Gebiet zwischen den 32⁰ nördlicher und südlicher Breite verweist, ziemlich im Einklang findet. Auch ihm ist es das friedliche und heisse Meer, das den Thieren die Bedingungen ihres Daseins bietet.

Eingehend beschäftigte sich Péron nur mit den gehobenen Riffen, deren weite Verbreitung er feststellt, aber „seine Phantasie", sagt Ehrenberg, „gab den Korallenthieren

---

1) Ausland. 1832. No. 16 u. 18.
2) Péron, Reise nach Australien. Bertuchs neue Reisebeschreibungen. B. 16. 1816. S. 295.
3) a. a. O. S. 288.

einen so grossen Einfluss auf die Bildung der Erdoberfläche,
dass er 245 Inseln und Erdstriche namhaft macht, welche
ganz oder theilweise das Produkt der Korallenthiere seien,
und welche diese Thiere mit ihrer scheinbaren Schwäche
mitten aus dem Grunde des Meeres zu weitläuftigen Gebirgen
aufgebaut hätten. Besonders die Insel Timor war es, welche
er sammt ihren Bergen für einen blossen Bau der Korallenthiere hielt, gegen den die grössten Baue der Menschen
nur kümmerliche, vergängliche Versuche wären. Péron
glaubte damals, vulkanische Hebungen müssten immer mit
Zertrümmerung und wildem Durcheinanderwerfen der Theile
der Oberfläche verbunden sein, und da er dies in keiner
der von ihm besuchten Koralleninseln fand, so hielt er die
Meinung fest, dass die Meere einst über den Bergen ge-
standen haben müssten und überlässt die Erklärung der
Möglichkeit andern, sich begnügend, die Thatsachen dafür
zusammengestellt zu haben."[1])
    So berechtigt diese Worte Ehrenbergs seiner Zeit
waren, so hat doch die Folgezeit erwiesen, dass er sich
nicht in so hohem Maasse von der Wahrheit entfernte als
der berühmte Zoolog zu glauben schien. Nur eine geringe
Zahl der 245 von ihm namhaft gemachten Inseln ist gänzlich frei von Korallengestein, wie wir jetzt wissen, und
in der That vermögen die Korallenthiere ganze Gebirge
aufzurichten. Alles in Allem genommen, entfernt sich Péron
in seiner Auffassung von unserer heutigen nicht viel mehr
als Ehrenberg.
    Einen sehr beträchtlichen Zuwachs erhalten unsere
Kenntnisse von dem Bau der Korallenriffe und -inseln durch
die Untersuchungen, welche Chamisso als Begleiter der
Kotzebue'schen Entdeckungsreise in den Jahren 1814—1818
anstellte. Chamisso hatte Gelegenheit, längere Zeit auf
einem Atoll der Radackgruppe zu verweilen, und dies benutzte er zu eingehenden Studien über unsern Gegenstand.
Daher bringt uns sein Bericht eine grosse Zahl von Details,
die wir bis jetzt immer zu vermissen hatten. Das Hauptverdienst Chamissos aber erblickte man noch bis vor Kurzem

---

    1) Abhandl. d. Akad. d. Wissensch. zu Berlin 1832, gedruckt
1834. S. 397.

darin, eine befriedigende Erklärung der Entstehung der
Atollform gegeben zu haben. Vor zwei Jahren wies Du ,
Bois-Reymond nach, dass jene Erklärung nicht von Chamisso
sondern von Eschscholtz, der die Kotzebue'sche Expedition
als Arzt begleitete, herstammt. [1]

Trotzdem die Krone seiner Verdienste damit eines
leuchtenden Steines verlustig gegangen ist, wird Chamisso
doch immer einen hervorragenden Platz in der Geschichte
unseres Gegenstandes einnehmen, denn er erweiterte unsere
Kenntnisse der Korallenbauten nach so vielen Seiten und
in so umfassender Weise wie keiner zuvor, und das Bewusstsein, seinen Blick von etwaigen vorgefassten Meinungen
ungetrübt und immer nur auf das Thatsächliche gerichtet
zu wissen, lässt uns seine Mittheilungen nur um so schätzens-
werther erscheinen.

Im Folgenden gebe ich die von Chamisso gemachten
Beobachtungen systematisch geordnet wieder.

Chamisso theilt die Korallenbauten des Meeres ein in
1) Korallenriffe, 2) Inselgruppen und 3) Inseln,[2] d. h. in
heutiger Terminologie in 1) Küstenriffe, 2) Atolle, 3) ver-
schüttete oder gehobene Atolle. Diese Eintheilung ist neuerdings von Guppy[3] wieder benutzt worden. Mit der ersten
Art von Riffen beschäftigt sich Chamisso wenig, doch beobachtete er die noch heute als zutreffend erkannte Thatsache, dass die Küstenriffe nicht so steil zum Meere
abstürzen wie die Riffe der Atolle.[4]

Die Atolle beschreibt er unter dem Namen der Kreis-
oder Ringinseln. Er macht jedoch darauf aufmerksam,
dass man sich durch diese Bezeichnung nicht zu der falschen
Vorstellung verleiten lassen darf, dass diese Inseln zirkel-

---

1) Die interessante Begründung dieser Thatsache findet sich in
Du Bois-Reymond: „Adelbert von Chamisso als Naturforscher, Rede
u. s. w. Erschienen als Separatausgabe (Leipzig, Veit & Comp.) und
„Sitzungsberichte der preuss. Ak. d. W. 1888 S. 675" und „Deutsche
Rundschau 1888 Bd. LVI S. 329."

2) Kotzebue, Reise in die Südsee. B. III. S. 31 u. 32. 1821.

3) Guppy: A criticism of the Theorie of Subsideuce. Scot.
Geogr. Mag. Vol. IV. S. 121. Karte.

4) a. a. O. S. 31.

rund seien, wie die vulkanischen Krater der Erde.[1]) Diese
Vorstellung hatte sich wahrscheinlich durch Forster, der
die Riffe zirkelrund nennt, eingebürgert.

Chamisso beschreibt dann die Atolle als Tafelberge,
die sich steil aus der unermesslichen Tiefe des Ozeans
erheben, deren Oberfläche jedoch unter dem Wasser liegt.
Nur ein Damm im Umkreis des Riffes erreicht bei niederem
Wasserstand den Spiegel des Meeres.[2])

Wie Flinders beobachtete auch Chamisso, dass das
Riff auf der Seite, welches dem Winde zugekehrt ist, etwas
erhöht ist, sowie dass auf dieser Seite die meisten und
grössten Inseln sind, dass diese aber auch häufig an den
ausspringenden Winkeln des Riffes angetroffen werden.
Auf der Seite unter dem Winde findet er das Riff dagegen
oft stellenweise unterbrochen, manchmal so, dass selbst
grössere Schiffe eine Durchfahrt wagen können. Innerhalb
dieser Lücken zeigen sich Felsbänke, die wie Bruchstücke
der eingerissenen Mauer oder Andeutungen derselben sind.[3])
Aehnliche Bänke sind im Innern der Lagune zu finden,
deren Grund aus Korallensand und Korallen besteht und
bis 32 Faden (60 m)[4]) Tiefe hat. Die ausgedehntesten
Lagunen schienen die tiefsten zu sein.[5])[6]) Die Oberfläche
des Dammes ist durch das Ausrollen der Brandungswellen
geglättet; aufgeworfene Blöcke liegen auf ihm zerstreut,
und ebensolche Blöcke liegen auf der Seite nach der
Lagune. Der Absturz nach dieser Seite ist geneigt, oft
auch steil.[7])

Aber nicht nur morphologisch sondern auch geognostisch
untersuchte Chamisso das Riff und die Insel.

1) Adelbert von Chamissos Werke. B. II. S. 393, abgedruckt
aus Choris, voyage pittoresque.

2) a. a. O. S. 42.

3) Demnach schien sich Chamisso die Riffkanäle als Wirkungen
von Sturmfluthen zu denken.

4) a. a. O. S. 202.

5) Dasselbe ist neuerdings wieder von Murray behauptet worden.

6) a. a. O. S. 393.

7) a. a. O. S. 201.

Er war der Meinung, dass der ganze Tafelberg aus
ein- und derselben Gebirgsart, und zwar Kalkstein bestehe [1])
und dass die Lithophyten nirgends an ihrem ursprünglichen
Standorte, an der Stelle, wo sie lebten und fortwüchsen,
sich befänden, [2]) dass das Gestein vielmehr immer nur
Haufwerke von Korallentrümmern darstelle. Er wendet
sich vor allen gegen Flinders, welcher behauptet hatte,
dass die Korallenskelette am Orte ihres Entstehens nach
Ausfüllung ihrer Lücken mit Sand in Riffstein übergingen,
während die oberen Zweige fortwüchsen. Der Riffstein ist
nach Chamisso vielmehr ein horizontal geschichtetes Gestein.
Nach den jetzigen Erfahrungen bleiben die Korallen in
ihrer natürlichen Lage. Dann bildet sich der Riffstein wie
ihn Chamisso fand. Die Inseln selbst, welche sich nach
ihm immer zuerst auf der Lagunenseite bilden, bestehen
aus mehreren mantelförmig übereinandergelagerten Schichten
Riffstein, die mit Sandschichten wechseln. [3])

Gleich Forster meinte auch Chamisso, dass die Korallenpolypen vom Grunde des Meeres aus ihren Bau errichteten,
obgleich er sich der hier ganz anders gestalteten Daseinsbedingungen der Thiere bewusst war, wie das klar und
deutlich aus der folgenden Stelle hervorgeht: „so müssen
wir doch glauben, dass in den Meerestheilen, wo die enormen
Massen dieser Lithophyten sich erheben, selbst im kalten
und lichtlosen Meeresgrund, Thiere fortwährend geschäftig
sind, durch den Prozess ihres Lebens den Stoff zu deren
nicht zu bezweifelndem, fortwährendem Wachsthum und
Bau zu erzeugen." [4]) Er motivirt seinen Standpunkt durch
folgende Worte: „Anzunehmen, dass die kalkerzeugenden
Polypen bloss an den Wänden der schon bestehenden Riffe
und deren innerer Lagune leben, würde das erste Entstehen
dieser Riffe nicht erklären, deren senkrechte Höhe man
nicht unter 100 Faden annehmen kann." [5]) In seiner

1) a. a. O. S. 41.
2) a. a. O. S. 45.
3) Kotzebue, Reise in die Südsee. B. III. S. 107.
4) a. a. O. S. 32.
5) a. a. O. S. 32. Anmerkung.

Meinung wurde Chamisso hauptsächlich dadurch bestärkt,
dass Ross in 1000 Faden (1800 m) Tiefe unter 73⁰ 39'
nördlicher Breite lebende Korallen fand.[1]) Doch war er
sich der Subjectivität seiner Ansicht wohl bewusst, denn
er fügt hinzu: „Die Nähe des Gesichtspunktes vergrössert
freilich die Gegenstände, und es mag geneigt sein, wer
mitten unter diesen Inseln ihre Bildung betrachtet, dieser
Bildung in der Geschichte der Erde ein grösseres Moment
beizumessen, als der Wirklichkeit entspricht."[2])

Wie wir die Ansicht, dass die Korallen im kalten
Meeresgrunde leben, als irrthümlich zurückweisen, so auch
die andere Meinung Chamissos, dass das bewegte Wasser
für das Gedeihen der Korallen ein Hinderniss ist. Chamisso
bemerkt nämlich: „Die enormen Massen aus einem Wuchs,
die man hie und da auf den Inseln oder auf den Riffen
antrifft, haben sich wohl in der ruhigen Tiefe des Ozeans
erzeugt. Oben unter wechselnden Einflüssen können nur
Bildungen von geringer Grösse entstehen."[3])

Von besonderem Interesse sind seine Beobachtungen
über den Einfluss des Sandes auf das Wachsthum der
Korallenthiere: „Die Arten, die sich sonst kugelförmig ge-
stalten, bilden an Orten, wo Sand zugeführt wird, Flächen
mit erhöhten Rändern, indem der Rand den obern Theil
ertödtet und sie nur im Umkreis leben und fortwachsen."
Die gleiche Beobachtung machte später Semper[4]) auf den
Palauinseln und benutzte sie, eine neue Theorie der Atollbildung aufzustellen.

In richtiger Erkenntniss der Verschiedenartigkeit der
Lebensbedingungen der verschiedenen Arten von Korallenpolypen, hütet sich Chamisso übrigens vor einer Verallgemeinerung obiger Beobachtung von der vernichtenden
Wirkung des Sandes. So schreibt er über die Vertheilung
der Korallen auf dem Riff: „Les polypiers vivants croissent
selon leur genre ou leur espèce ou dans le sable mouvant

---

1) a. a. O. S. 33.
2) Kotzebue a. a. O. S. 101.
3) Chamissos Werke. B. II. S. 393.
4) Zeitschrift für wissenschaftl. Zoologie. B. 13. S. 566. 1863.

ou bien attaché au rocher. [1]) Ueber die Vertheilung der
Arten macht er auch sonst noch Beobachtungen und zwar
ist er der erste, der uns darüber Nachrichten giebt, und
was er darüber mittheilt, hat sich später immer als zutreffend erwiesen. Zunächst der Brandung fand er immer
Astraeen [2]) von kuchenförmiger Gestalt. [3])

Der Damm besteht aus Madreporen [1]) und überall, wo
die Wellen mit Häufigkeit aufschlagen, lassen sich Nulli-
poren [5]) nieder und geben dem Riff seine rothe Farbe.
Ueber der Linie des niedrigsten Wasserstandes lebt
Caryophyllia. [6])

Auch über die geographische Verbreitung der Korallenriffe macht Chamisso bemerkenswerthe Beobachtungen. Er
macht auf die Aehnlichkeit in der Verbreitung des hohen
und niedrigen Landes im indischen und grossen Ozean,
das in beiden Meeren sich von West nach Ost verliert, [7])
aufmerksam, ferner auf die Erscheinung, dass solche Gruppen
von Koralleninseln, welche in 4 oder 5 Grad Entfernung
von hohen vulkanischen Ländern liegen, die Erdstösse ver-
spüren, welche diese bewegen, [8]) endlich auf die reihen-
förmige Anordnung der Koralleninseln. [9]) Daher kann es
uns nicht Wunder nehmen, wenn ihm die Koralleninseln
Bergrücken des Meeresbodens andeuten.

Endlich erhalten wir von Chamisso noch eingehende
Nachrichten über die Flora und Fauna der Koralleninseln. [10])

---

1) Chamissos Werke. B. II. S. 393.

2) a. a. O. S. 202.

3) Dasselbe beobachtete Walther am Meerbusen von Suez;
die kuchenförmige Gestalt ist ihm eine Anpassungsform, denn so
leisten die Thiere der Bewegung des Wassers den geringsten Widerstand
und bieten ihm gleichzeitig die grösstmögliche Oberfläche dar. (Walther,
die Korallenriffe der Sinaihalbinsel. Ab. d. math.-phys. Kl. d. k. s.
G. d. W. B. 14.)

4) a. a. O. S. 393.

5) a. a. O. S. 201.

6) a. a. O. S. 202.

7) a. a. O. S. 44.

8) a. a. O. S. 393.

9) a. a. O. S. 43.

10) Kotzebue, Reise in die Südsee. B. III. S. 108—114.

In dem Kotzebue'schen Reisewerk hat auch E s c h s c h o l t z seine Ansichten über die Koralleninseln niedergelegt.[1]) Bei den eingehenden Studien, welche Chamisso über unsern Gegenstand gemacht hat, können wir nicht viel Neues von ihm erwarten und in der That bringt Eschscholtz fast nichts anderes als was Chamisso schon gesagt hat oder wenigstens im widerspruchslosen Zusammenhange damit steht. Was seiner Darstellung aber dennoch Werth verleiht, ist, dass er uns ein einheitliches Bild giebt, die verschiedenen Beobachtungen mit einander verknüpft und sie verallgemeinert. Daher begnügt er sich nicht, wie das Chamisso thut, die Atolle als Krönungen submariner Berge hinzustellen, sondern geht einen Schritt weiter und führt die Gestalt der Umrisslinie dieser Inselgruppen auf die des unterliegenden Berggipfels zurück;[2]) während Chamisso einfach bemerkt, dass die Windseite der Atolle die inselreichere ist, macht Eschscholtz noch darauf aufmerksam, dass die Atolle im indischen und stillen Ozean, da, wo die Monsune herrschen, gleichmässig mit Inseln besetzt sind und dass die Atolle, welche mit ihrer Längsaxe rechtwinklig zur Richtung des Windes stehen, diesem also ihre längere Seite zur Zerstörung darbieten, reicher an fruchtbaren Inseln sind als andere;[3]) während Chamisso nur angiebt, dass auf Tabual, in der Gruppe Aur, morastiger Grund ist,[4]) entwickelt Eschscholtz, wie die Inseln mit zunehmendem Umfang allmählich die Lagune vom Meer trennen und diese endlich ganz ausgefüllt wird, um zuletzt nur noch eine Wasserpfütze darzustellen.[5]) Chamisso theilt in schlichter Weise seine Beobachtungen über die verderbenbringende Wirkung des bewegten Sandes auf die Korallenthiere mit, Eschscholtz benutzt diese Thatsache in Verbindung mit der Annahme, dass die grössern Korallenarten sich in der Brandung am besten entwickeln — diese Annahme war von Chamisso auch theilweise vorbereitet, da er bemerkt, dass die Asträen,

---

1) a. a. O. S. III. 187.
2) a. a. O. S. 188.
3) a. a. O. S. 188.
4) a. a. O. S. 108.
5) a. a. O. S. 189.

also die Arten, welche die grössten Blöcke liefern, vorzugsweise am Rande des Riffes angetroffen werden — um eine Erklärung für die Entstehung der Lagunen zu geben. Die darauf bezüglichen Worte heissen: „Die grossen Korallenarten, welche einige Faden in der Dicke messende Blöcke bilden, scheinen die am Aussenrand des Riffes stärkere Brandung zu lieben. Dies und das Hinderniss, das ihrem Fortleben in der Mitte des weiten Riffes durch aufgeworfene von den Thieren verlassene Muscheln und Schneckenschalen und Korallenbruchstücke in den Weg gelegt werden, sind wohl die Ursachen, weshalb der Aussenrand eines Riffes sich zuerst der Oberfläche nähert."

Diese Erklärung der Lagunenbildung, welche heute noch als zutreffend anerkannt wird, ist das Hauptverdienst von Eschscholtz in der Frage nach der Bildung der Korallen-inseln.

Chamissos Verdienste lassen sich am besten in die Worte fasssen, welche Ehrenberg der Arbeit seines Kollegen an der Akademie der Wissenschaft widmet, die, wenngleich sie auf einer falschen Voraussetzung fussen,[1] doch ihre volle Giltigkeit behalten haben: „Er hat ein Bild zusammengefasst, welches zwar nicht der Aehnlichkeit mit dem von Forster und Flinders entbehrt, aber viel Eigenthümliches in kräftiger, natürlicher Darstellung und alles nach eigner Erfahrung ohne geborgten Schmuck enthält."[2] An Eschscholtz aber schätzen wir den speculativen Sinn, der die von Chamisso im hingebenden Studium gewonnenen Details kühn zu einem Gesammtbilde verwebt und wollen uns freuen, dass das Geschick zwei Männer auf der Kotzebue'schen Forschungsreise zusammenführte, die sich in einer für die Wissenschaft so fruchtbringenden Weise ergänzten.

Während Chamisso mit der Verarbeitung seiner von der Weltumseglung mitgebrachten Schätze beschäftigt war, waren schon wieder zwei Naturforscher auf dem Meere

---

1) Auch Ehrenberg war in dem Irrthum befangen, dass die Artikel S. 187 und 189 im dritten Bande des Kotzebue'schen Reisewerkes von Chamisso herrührten.

2) Ehrenberg, Die Korallenriffe des rothen Meeres. Abh. d. A. d. W. z. Berlin. 1832, gedruckt 1834. I. Th. S. 398.

thätig, um Studien über die Bildung des Korallengesteins anzustellen. Quop und Gaimard waren es, welche die Freycinet'sche Expedition in den Jahren 1818—1820 begleiteten. Sie beschäftigten sich hauptsächlich mit der Erforschung der Lebensbedingungen der Korallenthiere und suchten zu beweisen, dass die Korallen ihre Wohnungen auf einer ihrer Natur nach bereits bekannten Grundlage erbauen und nur Schichten von wenig Faden Dicke bilden, sich aber nicht aus unermesslichen Tiefen erheben.[1]) Die Beweise dafür sehen sie im Folgenden:

1) Die Korallen sind von ihnen nie in grösserer Tiefe als 25—30 Fuss lebend gefunden worden.[2])

2) Die bunte Farbe der Thiere beweist, dass die Korallen zu ihrem Leben Licht bedürfen.[3])

3) Es wäre einzig und ohne Beispiel in der Thierwelt, wenn diese Arten unter den verschiedenen Drucken und unter allen Temperaturen gleichmässig gedeihen sollten.

4) Die Korallen bedürfen (meinen sie) einer beständig hohen Wärme, welche sie in der Tiefe nicht haben.[4])

5) Die Korallen vermögen nur in friedlichen Meeren zu gedeihen, in abgeschlossenen Baien, welche von den regelmässigen Passaten der Tropen und von Sturmfluthen nur unmerklich berührt werden. In bewegten Wassern bilden sie nur zerstreute Massen, die von Arten gebildet werden, welche weniger von der Unruhe des Wassers zu leiden scheinen als ihre übrigen Genossen.[5])

Neben diesen den biologischen Verhältnissen der Korallenthiere entnommenen Gründen, finden sie auch in der Morphologie der Riffe Stützpunkte für ihre Behauptungen. So finden sie einen Hauptbeweis darin, dass es keine einigermassen grosse Insel gäbe, welche vollständig aus Korallen-

---

1) Mémoire sur l'accroissement des Polypes lithophytes par Quoy et Gaimard. Annales des sciences naturelles. T. 6. 1825. S. 273. Derselbe Aufsatz auch in Freycinet: Voyage autour du monde pendant les années 1817—1820. Zoologie. Paris 1824.

2) a. a. O. S. 284.

3) a. a. O. S. 277.

4) a. a. O. S. 276.

5) a. a. O. S. 276.

gestein besteht, und dass die gehobenen Riffe niemals eine grosse Dicke besitzen. [1]) Dies behaupten sie aber nicht, wie man meinen könnte auf Grund zahlreicher, angestellter Messungen, sondern sie verallgemeinern hier nur in ganz derselben unzulässigen von ihnen hart getadelten Weise wie Péron, gerade die entgegengesetzte Beobachtung wie dieser. Beide Parteien gehen bei ihren Untersuchungen von den Riffen Timors aus; während Péron glaubte annehmen zu dürfen, dass die ganze Insel aus Korallenkalk bestehe, fanden Guoy und Gaimard nur schwache Lagen dieses Gesteins. Neben der Insel Timor lieferten ihnen Ile de France, Neu-Guinea, die Marianen und die Sandwichinseln Stoff und Unterlagen zu ihren Behauptungen. In allen den genannten Inseln und Inselgruppen treten die Riffe aber nur als Küstenriffe auf. Sie suchten daher nach Gründen, welche die Verallgemeinerung ihrer Beobachtungen, ihre Uebertragung auf die Atolle, stützen sollten. Die geringe Dicke des Korallengesteins auf den Atollen nun wollen sie daraus erschliessen, dass die niedrigen Inseln der Südsee von Menschen bewohnt sind, also Wasser aus Quellen haben müssen, die aber bei einem solchen porösen Gestein wie der Korallenkalk nicht entstehen könnten. [2]) Wir wissen jedoch jetzt, dass das Süsswasser auf allen Koralleninseln überall da zu finden ist, wo man einige Fuss tief in den Korallenboden eingräbt, trotzdem man das Korallengestein nicht verlässt, da es sich dort infolge seines geringern spezifischen Gewichtes auf dem durch die Seitenwände des Riffes eingedrungenen Salzwasser schwimmend erhält.

Auch, meinen sie, folge die geringe Mächtigkeit der Korallenfelsen auf den Atollen daraus, dass die Korallenthiere

---

1) Das gleiche hat vor einigen Jahren Rein[3]) wieder behauptet zur Widerlegnng Darwins; aber seitdem v. Richthofen und besonders Mojsisovics nachgewiesen haben, dass die Dolomiten der Alpen Korallenriffe sind, sind alle darauf gegründeten Schlüsse gegenstandslos geworden.

2) a. a. O. S. 289.

3) Verhandlungen des ersten deutschen Geographentags. 1882. S. 39.

bei den dort häufigen und heftigen Stürmen nicht gut gedeihen
könnten. Ebendasselbe würde auch durch die Thatsache
bewiesen, dass die Korallenmauern alle durch Oeffnungen
unterbrochen sind, in welchen man meist tiefes Wasser
fände. Da aber die Zoophyten die Neigung besässen un-
unterbrochene Massen zu errichten, so könnten keine solche
Oeffnungen vorhanden sein, wenn die senkrechte Riffmauer
gänzlich aus Korallengestein bestände. [1])
    In ihrer Ansicht von der geringen Mächtigkeit der
Korallenfelsen wurden sie auch durch die Wahrnehmung
bestärkt, dass die Verbreitung derselben mit der Richtung
der Berge und Hügel des festen Landes übereinstimmt, und
dass man dort die grössten Korallenmassive findet, wo das
Meer am seichtesten ist und die Küsten nur eine geringe
Neigung besitzen. Damit haben sich die beiden Forscher
das schätzenswerthe Verdienst erworben, zuerst auf den
geognostischen Zusammenhang der Riffe und der nahen
Küste aufmerksam gemacht zu haben.
    Es ist nur eine Folge der von ihnen vertretenen An-
schauungen, wenn sie die Steilheit so vieler Riffe als
ursprünglich erklären. Sie fühlten sich dazu berechtigt
durch ihre Beobachtungen auf einigen Inseln der Marianen,
an denen sie ganz gleiche steile Abstürze aber aus andern
Gesteinen bemerkten, sowie durch die Untersuchungen von
Pallas, welcher dieselbe Erscheinung in den Gebirgen
Tauriens nachwies. [2]) [3])
    So vielfach auch die Ansichten der beiden Naturforscher
noch irrthümlich sind, so wenig stichhaltig insbesondere die
meisten der von ihnen vorgebrachten Gründe sind, so be-

----

1) a. a. O. S. 279.
2) a. a. O. S. 285 u. 286.
3) Pallas bemerkt (physikal.-topograph. Gemälde von Taurien,
Leipzig, 1806 S. 1): „Ihre (der Halbinsel Taurien) mehr als 1200 Fuss
hohen Berge sind längs der ganzen südlichen Küste, an welcher das
Meer sehr tief ist, fast senkrecht abgeschnitten, fallen gegen Norden
stufenweise und zuletzt unmerklich ab . . . . Man ersieht, dass die
Bemerkung von dem fast senkrechten Absturz nicht wörtlich zu
nehmen ist, sondern nur den Eindruck veranschaulichen soll, den
man erhält, wenn man die Südseite des Gebirges mit der allmählich
in die Ebene sich verlierenden Nordseite vergleicht.

zeichnen sie doch einen bemerkenswerthen Fortschritt für unsere Auffassung der Korallenriffe, da die Grundidee, dass die lebenden Korallen auf eine geringe Tiefenzone beschränkt sind, von jedem der nachfolgenden Forscher eine Bestätigung erfahren hat.

Es muss verwunderlich erscheinen, dass diese folgenschwere Thatsache von der geringen verticalen Verbreitung der lebenden Korallen nicht schon vorher, auch nicht durch die eingehenden Studien Chamissos, aufgedeckt worden ist. Der Grund dafür liegt in der Natur der verschiedenen Untersuchungsgebiete. Alle Forscher, welche sich bis dahin mit den Korallenriffen beschäftigt hatten, haben ihre Untersuchungen an Riffen des tiefen Wassers angestellt, hauptsächlich an Atollen, wo der rasche Absturz zum Meere und die infolgedessen so schwer und hoch gehende Brandung Beobachtungen über das Wachsthum der Thiere sehr erschwert, ja fast unmöglich macht. Quoy und Gaimard machten aber die Küstenriffe zu ihrem Beobachtungsobject, besonders in Buchten, wie in der Bucht von Koupang, wo kein bewegtes Wasser sie in ihrer Arbeit hinderte.

Daher trat ihnen auch die Vorstellung von dem steilen und tiefen Absturz des Riffes, welche bei ihren Vorgängern den Gedankenkreis beherrschte und sich immer wieder aufdrängen musste, nicht sehr hinderlich entgegen, daher sind alle ihre auf die Atolle bezüglichen Bemerkungen so wenig mit den Thatsachen im Einklang, daher vertreten sie so scharf die Meinung, dass die friedlichen und stillen Meerestheile die Regionen des Korallenwachsthums sind.

Noch ist auf eine Bemerkung der beiden Naturforscher aufmerksam zu machen, in welcher sie auf einen bei der Bildung von Koralleninseln thätigen Faktor hinweisen, der erst in neuerer Zeit richtig gewürdigt worden ist, nämlich auf die Fähigkeit der Strömungen, Kanäle im Korallengestein zu erzeugen. Die hierauf bezügliche Stelle heisst: „Dans les localités où les marées se font ressentir, leurs courans seuls peuvent quelquefois creuser des canaux irréguliers entre les Madrépores, sans qu'ils soient jamais en-

combrés de leurs espèces, par la double cause réunie du
mouvement et de la froidure des eaux."[1]

Lange Zeit hindurch ist Quoy und Gaimard das Verdienst zugeschrieben worden, die ersten gewesen zu sein,
welche die Ringform der Atolle und die Anwesenheit einer
Lagune daraus erklärten, dass jenen ein Krater als Unterlage diene. Trotzdem schon Friedrich Hofmann in der
nach seinem Tode herausgegebenen „Physikalischen Geographie" aus dem Jahre 1835 behauptet hat, dass Steffens
diese Hypothese viel früher geäussert habe,[2]) hat sich dieser
Irrthum erhalten, bis Du Bois-Reymond wieder Steffens in
seine Rechte einsetzte.[3]) Steffens hat seine Ansicht über
die Natur der Atolle in seiner Anthropologie im Jahre 1822
ausgesprochen.[4]) Er begründet seine Ansicht mit der Ein-
förmigkeit der Bildung der Koralleninseln und mit der
Anwesenheit so vieler Vulkane in ihrer Nähe. Die Zahl
dieser Vulkane schätzte er auf 28 und er glaubte, dass
spätere Forschungen sie verdoppeln würde. Dann fährt er
fort: „Die Korallenbauten enthalten öfters Lagunen, die
man wohl als eingesunkene Kratere betrachten darf, ohne
hier in der Mitte der ausgedehntesten Vulkanität dem Vor-
wurf eines willkürlichen Phantasiespieles ausgesetzt zu sein.
Es ist wohl keinem Zweifel unterworfen, dass die ursprünglich kahlen, im Meer isolirt stehenden Basaltberge die
Grundlage für den Korallenbau der Polypen gebildet haben
und man muss annehmen, dass einige dieser Berge, selbst
bis zur ungewöhnlichen Höhe wie Mowna Roa auf den
Sandwichsinseln hervorragten, während andere vulkanische
Berge bis unter die Oberfläche des Meeres einsinken, in
der Mitte durch die in sich hineingesunkenen Kratere an-
sehnliche Vertiefungen bildend. Eine Art Solfataren, die
unter dem Meere erlöschen. Wie die Korallen ihren stets
wechselnden Bau an die über das Meer hervorragenden
Basaltberge anschlossen, so auch an die Ränder der aus
der Tiefe hervorragenden Basaltberge, welche die Ober-

---

1) a. a. O. S. 278.
2) Du Bois-Reymond, Chamisso als Naturforscher. S. 60.
3) a. a. O. S. 32 und S. 60.
4) a. a. O. S. 60.

fläche des Meeres nicht erreichten. Die eingestürzten Kratere in der Mitte dieser Berge bilden die Lagunen, die daher durchgängig Meerwasser enthalten. So entstanden die sogenannten niedrigen Inseln. Es ist unmöglich, die Bildung der hohen und niedrigen Inseln im Südmeere mit einander zu vergleichen, ohne unwillkürlich zum Schluss gedrängt zu werden, dass das unter dem Meer liegende, durch Korallen uns versteckte Grundgebirge dem hervorragenden der hohen Inseln ähnlich sein muss. Das folgt aus dem gemeinschaftlichen Vorkommen beider in vielen Inselgruppen."[1] Quoy und Gaimard scheint aber der Aufsatz Steffens nicht bekannt gewesen zu sein, vielmehr ist anzunehmen, dass sie selbständig zu dem gleichen Resultate gelangt sind, trotzdem sie ebensowenig wie ihr Vorgänger je ein Atoll gesehen hatten. Sie sind zwar bei einigen der Karolineninseln vorübergefahren, aber ohne hier anzuhalten;[2] auch drücken sie ihr Erstaunen darüber aus, in Kotzebues Atlas mehrere Inseln in einem Ring gruppirt zu sehen und bemerken dazu in einer Fussnote: „Cette disposition ne serait — elle point due à des cratères sous marins, sur les bords desquels les lithophytes auront travaillé?"

Während hier dieser Gedanke nur nebenhin geäussert ist, erfährt er bald eine bessere Würdigung, indem ihn Lesson und Garnot, die Naturforscher der Duperrey'schen Expedition auf der „La Coquille", aufgreifen und zu begründen suchen. Ihre Reise um die Welt fand im Jahre 1820 statt, die Bearbeitung erschien 1828.[3][4] Sie sind der Meinung, dass die Koralleninseln alle vulkanischen Grund haben, aber nicht Glieder eines untergegangenen Kontinents sind.[5] Die Korallen haben erst in geringer Entfernung vom Wasser-

1) Henrik Steffens, Anthropologie. B. I. S. 320.

2) Annales des sciences naturelles. B. VI. 1825. S. 289.

3) Voyage autour du monde de la Coquille. Zoolog. Theil. I. I. S. 315.

4) Also nicht Barrow ist der nächste nach Quoy und Gaimard, der Bemerkungen zu dieser Frage macht, wie Du Bois-Reymond meint. (Du Bois-Reymond, Chamisso als Naturforscher, Separatausgabe. S. 60.)

5) a. a. O. S. 10.

spiegel angefangen zu bauen, denn die Zigzaglinien und
Unterbrechungen im Riffe sind nur so zu erklären, dass
die Thiere in gewissen Tiefen Anhaltepunkte nöthig haben,
welche fähig sind, ihre Verbreitung zu unterstützen. Dies
wird dadurch bewiesen, dass sich die Korallenbänke niemals
weit ausdehnen und immer von den Inseln abhängig sind.
Brachte die Eruption einen Vulkan nicht bis an die Oberfläche, so setzten sich die Zoophyten an seinen Rändern
fest und führten sie mit ihren steinichten Leibern bis an
den Wasserspiegel. Der Krater bildet dann die Lagune
und die durch die Erosion ausgehöhlten Kraterränder die
Kanäle, welche Einlass in den innern See gewähren. Die
Tiefe im Zentrum der Lagune würde dann um so beträcht-
licher sein, je heftiger die Auswürfe des Vulkans waren.[1]
    Auf Grund dieser Anschauung über die Entstehung
der Koralleninseln, theilen sie diese ein in 1) Küstenriffe
(les récits simples), 2) alleinstehende Atolle (motous à lagons)
und 3) Koralleninseln, welche Gruppen bilden wie die
Karolinen- und Palauinseln. Letztere stehen nach ihnen
auf einem gemeinsamen, weiten und seichten Plateau.[2]
    Lesson und Garnot machen somit den ersten Versuch,
die Entstehung der Inseln als Eintheilungsprinzip zu be-
nutzen. Sie sind auch die ersten, welche auf die Beziehungen
zwischen den Strömungen der Küstenflüsse und der Lage
der Oeffnungen in Küstenriffen, welche immer vor den
Flussmündungen liegen, aufmerksam machen.
    Im Jahre 1830 macht John Barrow[3] in einem der
Londoner geographischen Gesellschaft mitgetheilten Reise-
bericht des Lieutenants Kendal über die Neu-Shetlands-
inseln einige Bemerkungen zu unserm Gegenstand, da sich
in dieser Inselgruppe eine der Insel St. Paul ähnlich ge-
staltete Insel mit einer Lagune in der Mitte vorfand. Hierbei bemerkt Barrow, dass er schon vor vielen Jahren zu
der Ansicht gekommen sei, dass die Koralleninseln der
Südsee auf ähnlichen submarinen Inseln ruhen müssen.
Im Jahre 1832 vertritt er diese Ansicht auch in einem

1) a. a. O. S. 315.
2) a. a. O. S. 10.
3) Journal of geogr. Society. London 1830. S. 62.

Artikel im „Ausland“,[1]) und stützt sich dabei vornehmlich auf das häufige Vorkommen von Bimsstein auf den Koralleninseln.

Wichtige Stützen brachte Kapitän Beechey[2]) für die Kraterhypothese von einer Seereise heim. Er war auf dem Schiff „Blossom“ ausgesandt worden, die Schiffbarkeit der Nordwestpassage zu untersuchen. Da das Schiff für eine lange Reise bestimmt war, so war es besonders gut ausgerüstet für langwierige, wissenschaftliche Beobachtungen und Experimente. So hatte Beechey auch alle erforderliche Mittel um Tiefseelothungen vorzunehmen und eine grosse Anzahl von Inseln auszumessen und aufzunehmen. Von ihm erfahren wir daher Näheres über die Proportionen der verschiedenen Rifftheile in Maass und Zahl.

Die Inseln sind nach ihm selten mehr als 2 Fuss (0,6 m) über die Meeresoberfläche erhoben.[3]) Die Breite der Inseln beträgt im Durchschnitt 300—400 yards (100—120 m), vor der Insel befindet sich eine 30—50 yards (10—20 m) breite, zur Zeit der höchsten Fluth 2—3 Fuss (²/₃—1 m) unter Wasser stehende Bank. „Alsdann versenken sich die Wände der Insel jäh, wie es scheint, vermöge der Aufeinanderfolge von geneigten Bänken, die durch zahlreiche an den Kapitälen zusammengewachsene Säulen gebildet werden, in deren Zwischenräumen das Senkblei mehrere Faden tiefer fällt.“[4]) Beechey bestätigt die Angabe Flinders, dass das Riff auf der Windseite die Oberfläche des Wassers eher erreicht als auf der Seeseite. Er sagt hierüber:[5]) Es findet bei ihnen (den Koralleninseln) durchgehends die Regel statt, dass die dem Meere zugekehrte Seite höher und vollkommener als die andere, ja häufig

---

1) Ausland. No. 16. 1832. S. 60.

2) Narrative of a voyage to the Pacific and Beering's Strait etc. London. 1831. S. 192 und im Auszug im Journal of Royal. Geog. Soc. London. 1831. B. I. S. 216.

3) Beechey, Reise nach dem stillen Ozean und der Beeringsstrasse in den Jahren 1825—28. Neue Bibliothek der Reisebeschreib. von Bertuch. Bd. 59 u. 61. 1832. Bd. I. S. 299.

4) a. a. O. S. 300.

5) a. a. O. S. 300.

auch gut mit Waldung bestanden ist, während die andere zum Theil oder ganz unter Wasser steht. „Bestätigt sich dieser Umstand bei andern Koralleninseln, so ist er höchst charakteristisch, aber aus der fortwährenden Einwirkung des Passatwindes nicht hinreichend zu erklären. Sobald das Riff einmal die Oberfläche erreicht hat, lässt sich die Wirkung des Passatwindes leicht nachweisen, allein es scheint nicht möglich, dass derselbe seinen Einfluss so tief unter dem Wasser erstreckt als manches Riff liegt."[1] ⁻Weiter bemerkt er: „An den Spitzen und Ecken versenken sich diese Inseln weniger schroff und wie es mir scheint regelmässig in die See als an den Seiten.[2]) An diesen Stellen (wo die beiden Seiten der Insel zusammenstossen) sowie überhaupt in den schmalen Theilen der Lagune, sind die Korallenthierchen in grosser Anzahl vorhanden, obwohl sie sich im Allgemeinen in sämmtlichen Lagunen in ziemlich gleicher Zahl vorfinden."[3]) Die Tiefe der Lagune, die er gleich seinen Vorgängern bis 20—38 Faden (35—70 m) angiebt, ist nach ihm im Allgemeinen abhängig von dem Alter des Riffes, so dass die seichtesten die ältesten sind, eine Ansicht, die wir heute als vollständig unhaltbar bezeichnen müssen.

Beechey beobachtete, wie die Korallenbauten in der Lagune in Form von abgestutzten Kegeln emporsteigen. Daraus schliesst er, dass sich auch das Riff aus solchen Formen entwickelt hat, indem mehrere solche Hügel, welche neben einander standen, verschmelzen mussten, wenn die Korallen an der Oberfläche des Wassers in ihrem Weiterwachsen gehemmt, gezwungen wurden, sich seitwärts auszubreiten.[4])

Beechey macht auf die weite Verbreitung der Erscheinung, dass die Lücken im Riffe der hohen Inseln, in der Richtung der von den Bergen herabkommenden Flüsse liegen, aufmerksam. Er fand diese Thatsache durchgehends bestätigt. Zu ihrer Erklärung bemerkt er, „dass die Litho-

---

1) a. a. O. S. 301.
2) Diese Bemerkung ist später oft bestätigt worden.
3) a. a. O. S. 301.
4) a. a. O. S. 302.

phyten sich vor dem Süsswasser scheuen, ist, da dieses nicht ihr natürliches Element bildet, sehr erklärlich, und wahrscheinlich enthält dasselbe auch keine Materialien, mit denen sie bauen könnten."[1]) Die Ansicht, dass diese Lücken einfach die Fortsetzungen der Thäler unter dem Wasser seien, scheint ihm mit Rücksicht auf ihre im Verhältniss zu den Thälern ausserordentliche Schmalheit nicht zutreffend. Auch fand er, dass die Tiefe der Kanäle bis zu einer Grenze hinabsteigt (bis 25 Fuss = 8 m), welche man wohl auch als die ungefähre Grenze annehmen könnte, bis zu welcher der Einfluss des süssen Wassers reicht. Beechey meint, sich das Verdienst zuschreiben zu müssen, zuerst erkannt zu haben, dass ein Atoll nicht eine Inselgruppe, sondern eine einzige Insel bildet, da er bei näherer Untersuchung fand, dass die Riffmauer unter dem Wasser fortgeht.[2]) Diese Thatsache ist aber schon vor ihm von Chamisso dargethan worden.[3])

In der Frage über das Fundament der Koralleninseln ist Beechey der Ansicht, dass sie auf Bergen, die höchstens 400—500 Fuss (140—170 m) hoch mit Wasser bedeckt sind, gegründet werden. Dass die Unterlage Vulkane sind, ist ihm wegen der Grösse vieler Atolle, die die Grösse der auf der Erde bekannten Kratere beträchtlich übersteigt, nicht sehr wahrscheinlich.[4])

Wenngleich sonach Beechey selbst sich nicht als unbedingten Anhänger der Kraterhypothese hinstellen konnte, so betrachtet man doch ziemlich allgemein die Ergebnisse seiner Untersuchungen als Stützen derselben. Insbesondere war es die Thatsache, dass er in mehreren Atollen, so in der Gambiergruppe, noch vereinzelte Trümmer vulkanischen

---

1) a. a. O. S. 307.

2' a. a. O. S. 306.

3) Ainsworth stellt Chamisso gerade als Verfechter der gegentheiligen ,Ansicht hin, wahrscheinlich veranlasst durch die von Chamisso gebrauchte Bezeichnung Inselgruppe für Atoll. (Jour. of Roy. Geogr. Soc.-London 1831.) S. 131. Chamisso erklärt aber ausdrücklich: Le recif présente au temps du reflux l'image d'une large chaussée, qui unit entre elles les iles, qu'il supporte, Chamisso, Werke. B. II. S. 393.

4) a. a. O. S. 305.

Gesteins hervorragen sah, welche für die Kraterhypothese für besonders günstig gehalten wurde. In diesem Sinne spricht sich schon Ainsworth aus, welcher im Journal of Royal Geogr. Society of London 1831 einen Bericht über die wissenschaftlichen Resultate der Expedition des Blossoms giebt. Von ihm erhalten wir hierbei gleichzeitig einen Erklärungsversuch der von Beechey so allgemein angetroffenen Erscheinung, dass die Korallenriffe auf der Seite unter dem Winde niedriger sind als auf der entgegengesetzten. Er wendet sich gegen die Ansicht Flinders, dies aus dem Instinkte der Thiere erklären zu wollen, leitet diese Erscheinung vielmehr aus dem Einfluss der Strömungen auf die Wachsthumsrichtung der Korallen ab. An der Windseite, meint er, arbeite diese der horizontalen Ausbreitung der Thiere entgegen und zwinge diese dadurch ihre Wachsthumsenergie auf ein verticales Wachsthum zu verwenden; so entständen hier die Steilabstürze, die aber nicht so seien, als ob die Insel auf einem Stil stände, wie Forster meint, während auf der entgegengesetzten Seite, wo sich die Thiere gleichmässig nach beiden Richtungen hin verbreiten können, das Riff erst später die Oberfläche erreicht. Wir sehen hier ganz dieselbe Idee entwickelt, welche Semper[1] später, wie es scheint, vollständig unabhängig von seinem Vorgänger zur Erklärung der Tiefenverhältnisse am Riff benutzte.[2]

---

[1] Zeitschrift für wissenschaftliche Zoologie. 1863. Bd. 13. S. 569.

[2] Im englischen Original heisst die hierauf bezügliche Stelle: „For if the lateral movements of the polypi, or their natural tendency to horizontal construction, happens to be impeded in any one direction, they will gain vertically what they lose horizontally; and the resistance being equal on the same side, the true horizontal extent will be everywhere the same and a wall will be formed: while in an opposite direction, the same circumstances not being in existance, the constructions of the polypi will extend horizontally as well as vertically, and consequently will not rise with the same degree of rapidity as those which are erected to the windward, and hence would result an appearance as if this windward bulwark had really been erected by the instinctive foresight of the animalculae (Journ. of R. Geogr. Soc. London. 1831. S. 217). Ainsworth und Semper haben beide den Gedanken gemeinsam, dass die Ströme richtend auf das Wachsthum der Korallen einwirken, gehen aber insofern aus einander,

Ainsworth wendet sich dann namentlich gegen Quoy und Gaimard. Er hält es für gänzlich unzulässig anzunehmen, dass eine nur einigermassen grosse und beständig bewohnte Insel niemals aus Korallengestein bestehen könnte, dass die Korallen überhaupt nur wenige Fuss dicke Schichten zu bilden im Stande wären. Den Widerspruch, welcher durch die augenscheinlich grosse Mächtigkeit der Korallenfelsen einerseits und der geringen Tiefe, in welcher allein die grossen Korallenarten zu leben vermögen andererseits, hervorgerufen wird, sucht er in ähnlicher Weise zu lösen, wie es heutzutage geschieht, nämlich mit Zuhilfenahme gesonderter Lebens- und Tiefenzonen für verschiedene Artgruppen. „Why may not the branched madrepores, which live at considerable depth,[1] have formed the platform for their reception, just as we see the marine algae distributed in different zones or depth of the sea."[2]

Die von Beechey als Regel hingestellte Erscheinung, dass die Windseite stets viel höher ist als die entgegengesetzte, führt Lyell[3] dazu, die Veränderung des Meeresniveaus zur Erklärung herbeizuziehen. Für einen Unterschied von so grossem Betrage in der Höhe der beiden Riffseiten wie bei der Mateldainsel in der Gambiergruppe, wo die eine Seite eine bewaldete Insel darstellt, während die andere 20—30 Fuss unter Wasser ist, scheint ihm die von Beechey gegebene Erklärung ungenügend. Daher nimmt er an, dass eine mehrmalige Senkung infolge von Erdbeben eingetreten sei, denn dann wird, wenn die Senkung immer nur wenige Fuss beträgt, der vorherige Zustand durch Nachwachsen der Korallen geschaffen und von Neuem kann die Windseite sich erhöhen, während die andere relativ

---

als der erstere den das Riff vertical treffenden Strom eine senkrechte Mauer erzeugen lässt, während bei Semper der tangirende Strom diese Wirkung besitzt, der vertical auftreffende aber die entgegengesetzte, daher fällt nach ihm das Riff auch nicht auf der Windseite, sondern auf der Seeseite steil ab.

1) Kapitän Beechey sah lebende Korallen in 180 Fuss Tiefe auf Ducie Island.

2) a. a. O. S. 218.

3) Principles of Geology. First edition. 1832. Vol. II. S. 293.

zurückbleibt. Eine Wiederholung dieses Vorganges kann Ungleichheiten von noch viel grösserem Umfang hervorbringen. Zur Annahme einer beträchtlichen Senkung des Meeresbodens im stillen Ozean war Lyell auch gekommen, um die Inselarmuth und die Kleinheit der Inseln in diesem Meere zu erklären, da er meinte, bei unveränderlichem Wasserspiegel hätten die Thätigkeit der Korallen und die ausfliessenden Lavaströme mehr festes Land schaffen müssen als wir jetzt antreffen.[1]) Im Uebrigen stand Lyell auf dem Boden der Vulkantheorie und zwar aus folgenden Gründen: Erstens, weil es in der Korallenregion viele Vulkane giebt, zweitens, weil sich in der Lagune vieler Atolle (der jetzigen Wallriffe) häufig Felsen von poröser Lava finden,[2]) drittens sich auch in Vulkaninseln Einbrüche finden und viertens, weil, wie er später hinzufügte, durch die Untersuchungen von Ehrenberg bewiesen wurde, dass die Korallenbildungen des rothen Meeres niemals atollförmig sind, obgleich dort dieselben Arten vorkommen wie in der Südsee,[3]) es also nicht der eigne Instinkt der Thiere sein kann, der sie zur Bildung der Ringform veranlasst.

Die Ansicht, dass die Atolle eine vulkanische Grundlage haben, welche ihnen ihre morphologischen Eigenthümlichkeiten verleiht, hatte sich demnach ziemlich rasch Bahn gebrochen und hervorragende Gelehrte für sich gewonnen. Wohl nur wenige verhielten sich immer noch ablehnend gegen die von Quoy und Gaimard ausgesprochene Meinung von der geringen Mächtigkeit der Korallenkalklager (so z. B. Professor Reichardt,[4]) der die Riffe der Sundainseln kennen gelernt hatte), und bis zu einem gewissen Grade hatte sich ja auch Beechey dagegen ausgesprochen. Doch auch diese Stimmen verstummten bald, als Ehrenberg im Jahre 1834 in den Abhandlungen der Berliner Akademie der Wissenschaften die Resultate seiner Studien in einem

---

1) Lyell a. a. O. Vol. I. S. 296.
2) Darüber hatte Beechey Mittheilungen gemacht.
3) Jetzt wissen wir, dass diese Uebereinstimmung nicht so gross ist, wie man früher glaubte.
4) Dictionnaire des sciences naturelles. Article Zoophyte. 1830. S. 95.

Aufsatze „Ueber den Bau und die Bildung der Korallenbauten im rothen Meere" veröffentlichte.[1]) Ehrenberg[2]) hatte
mit Hemprich 18 Monate am rothen Meere verlebt, 9 in den
Jahren 1823 und 24 und ebensoviel im Jahre 1825, hatte
einen grossen Theil dieser Zeit zu Schiffe verbracht und
nicht weniger als 45 Inseln und Riffe einer genauen Betrachtung und einem eingehenden Studium unterworfen.
Zum ersten Male hatte sich ein Forscher so lange Zeit auf
einem verhältnissmässig so kleinen Gebiete dem Studium
der Korallenthiere und -riffe gewidmet. Das Resultat war
daher auch eine Fülle von Beobachtungsmaterial, wie es
uns vorher noch Niemand geboten hatte, eine Menge von
Thatsachen, die manche schwebende Frage in das rechte
Licht stellen sollten.

Als Einleitung zur Darstellung der Ergebnisse seiner
Forschungen am rothen Meere giebt Ehrenberg eine historische Uebersicht über unsere Kenntnisse von der Natur
und Bildung der Korallenriffe, auf deren Inhalt oben oft
hingewiesen wurde. Sie ist die erste historische Behandlung
unseres Gegenstandes und ist bis auf den heutigen Tag
auch die einzige geblieben. Aus ihr haben alle, welche
Daten zu diesem Kapitel gebracht haben, geschöpft. Ehrenberg
schliesst diesen Abschnitt seiner Untersuchungen, welcher
bis zu Quoy und Gaimard führt, mit den Worten: „Eine
specielle Vergleichung dieser verschiedenen Nachrichten
verdienstvoller Seefahrer und Naturforscher giebt mehrere
leicht zu erkennende Gegensätze, welche ich hier nicht
weiter hervorhebe . . . . "[3])

Gegensätze in den Nachrichten über einen Gegenstand
können aber nur entspringen aus den Verschiedenheiten
der beobachtenden Subjekte oder den der beobachteten
Objekte. Die Verschiedenheiten der Beobachter gehen aus
den Verschiedenheiten ihrer Erfahrungen hervor, sowie aus
der dem einzelnen eigenthümlichen Methode, welche er bei

---

1) Im Vortrag hatte Ehrenberg diesen Gegenstand schon im
Jahre 1832 behandelt.
2) Siehe hierzu auch Ritter, Erdkunde. B. 16. S. 468 u. folgende.
3) Abh. d. Ak. d. W. zu Berlin aus dem Jahre 1832, gedruckt
1834. S. 402.

seinen Beobachtungen befolgt. Dies erzeugt hier den Gegensatz aus der Beobachtung aus praktischen und aus wissenschaftlichen Gesichtspunkten, die einen beobachten als
Seefahrer, die andern als Naturforscher. Zu den ersteren
gehören Cook, Labillardière, Flinders, Beechey, zu der
zweiten Gruppe haben wir Forster, Péron, Chamisso,
Eschscholtz, Quoy, Gaimard und Ainsworth zu zählen.
Die Seefahrer bringen vereinzelte Beobachtungen und zwar
zumeist solche, welche aus den in ihrem Beruf begründeten
Arbeiten, hauptsächlich den Vermessungsarbeiten, hervor-
gehen, oder solche, welche einem Zufall entspringen. Sie
betrachten das Aeussere des Riffs, und wo sie sich mit der
Entstehung der Riffe beschäftigen, bringen sie gewöhnlich
keine neuen Gesichtspunkte, sondern schliessen sich der
Meinung eines andern an. Die Naturforscher suchen die
Nachrichten der Seefahrer durch Beobachtungen, welche
von der kausalen Betrachtungsweise gefordert werden, zu
ergänzen und suchen alle unsere Kenntnisse über den
Gegenstand zu einem Gesamtbilde zu verweben. Sie liefern
uns daher die Prinzipien bei den Erklärungsversuchen, sie
allein klassifiziren die verschiedenen Riffgebilde, verallgemeinern die gefundenen Resultate und wenden sie zur
Erklärung anderer Naturerscheinungen an.

In Wirklichkeit sind die Gegensätze nicht so scharf,
wie sie hier gezeichnet wurden, weil unter den Seefahrern,
die hier in Betracht kommen, Männer von wissenschaftlichem
Interesse sich befanden, und zweitens, weil die Gegensätze
naturgemäss erst bei einer grössern Mannigfaltigkeit des
schon gegebenen Beobachtungsmaterials hervortreten können.
Daher sehen wir auch Cook sich mit den Erklärungen der
Entstehung der Riffe beschäftigen, sehen das lebhafte
Interesse, das Flinders ihnen entgegenbringt und vernehmen
die zutreffenden Bemerkungen Beecheys. In späterer Zeit
entwickelt nur noch einmal ein Seemann[1]) seine Ansichten
über die Bildung der Riffinseln; aber der mächtig an-
geschwollene Stoff erdrückt ihn bereits.

---

1) Wilkes. Narrative of the U. St. Expl. Exp. B. 4. S. 208.

Die Gegensätze, welche aus dem beobachteten Objekt
entspringen, gehen in unserm Fall aus der Doppelstellung,
die dasselbe den beiden grossen Naturreichen gegenüber
einnimmt, hervor, die erzeugenden Faktoren sind Glieder
des organischen Reiches, das Produkt ist unorganischer
Natur. Die einen wenden daher ihre Aufmerksamkeit der
Erforschung der biologischen Bedingungen der Korallenthiere
zu und beurtheilen von ihnen aus die Eigenschaften des
Riffes, was besonders scharf bei Quoy und Gaimard hervor-
tritt; andern sind die Riffe vorzüglich Gebilde, welche die
Oberflächengestaltung der Erde beeinflussen; sie betrachten
dieselben vom geologischen und geographischen Standpunkte.
Diese Richtung wird am extremsten von Péron vertreten.
Ihm verdanken wir daher die eingehendsten aber naturgemäss wieder beschränkt bleibenden Untersuchungen über
die Verbreitung der Riffe. Die Gegensätze entwickeln sich
vielfach erst, oder fanden hier wenigstens neue Nahrung,
aus den Verschiedenheiten der einzelnen Riffformen. Schon
oben wurde betont, dass Quoy und Gaimard ihre Ansichten
auf Studien gründeten, welche sie an Küstenriffen gemacht
hatten, für Péron wurden die von ihm an den gehobenen
Riffen Timors gemachten Wahrnehmungen massgebend.
Welchen Einfluss das Studium der Atolle haben musste, ist
schon oben ausgeführt worden.

Der weitere Theil der Ehrenberg'schen Abhandlung
enthält dann seine Beobachtungen über die Verbreitung,
Gestaltung und Form der Riffe des rothen Meeres, über
ihre Beziehungen zu den geognostischen Verhältnissen des
Gebiets, über den Antheil, den Korallenthiere am Aufbau
der Riffe nehmen und über ihr geschichtliches Wachsthum.
Zuletzt giebt er eine Zusammenstellung seiner „Erfahrungen
über die Verhältnisse der Korallenthiere als Felsmassen".

Der Abschnitt, welcher über die Gestalt und Form der
Riffe des rothen Meeres handelt,[1) giebt uns zum ersten
Male eine eingehende Beschreibung der Küstenriffe, deren
Studium bis jetzt von den verschiedenen Autoren gänzlich
vernachlässigt worden war. Quoy und Gaimard hatten

---

1) a. a. O. S. 409—411. ·

zwar an ihnen Untersuchungen angestellt, sie unterlassen
es aber, uns eine Schilderung dieser Art von Riffen zu
geben. Daher füllt Ehrenberg eine grosse Lücke in unsern
Kenntnissen von den Riffbauten aus. Das Ergebniss seiner
Beobachtungen ist folgendes: Die charakteristische Form
der Korallenriffe des rothen Meeres ist eine langgestreckte,
bandartige; ihre Richtung ist stets parallel mit der Küste,
selbst wenn sie sich von ihr weiter als gewöhnlich ent-
fernen. Niemals aber sind die Riffe hufeisen- oder ring-
förmig.[1]) Nirgends sind die Riffe auf der dem Winde
zugekehrten Seite erhöht, vielmehr konnte man mehreremal
ein schiefes Ablaufen nach dieser Seite beobachten. Sie
stimmen aber mit den Riffen der Weltmeere darin über-
ein, dass sie meist steil zum offenen Meer abstürzen und
manchmal über 100 Faden Tiefe an ihrem Rande zeigen.
Nach der Landseite hin nimmt die Tiefe immer allmählich
ab. Die Oberfläche aller Riffe läuft parallel mit dem Meeresspiegel, bei Fluth ist sie $\frac{1}{2}$—2 Faden unter dem Wasser,
bei Ebbe ragen hie und da einige Punkte soweit hervor,
dass sie von den anprallenden Wogen gerade noch über-
schwemmt werden. An keiner Stelle jedoch ist es zur
Inselbildung gekommen. Der Rand des Riffes ist stets
unregelmässig ausgebuchtet,[2]) aber seinem Gesammteindrucke
nach geradlinig.

Ueber die Verbreitung der Riffe im rothen Meere stellt
Ehrenberg fest, dass die Riffe dort, wo das Meer sehr
seicht ist, der Küste dicht anliegen und eine mit dem Fest-
lande unmittelbar zusammenhängende Felseinfassung bilden,
an andern Stellen dagegen etwas weiter vom Land entfernt
sind, so dass ein Bootskanal entsteht. Dieser ersten Riff-
reihe liegt häufig eine zweite hin und wieder unterbrochene
vor, welche zur Bildung eines bis 2 Faden (3,6 m) tiefen
Fahrwassers Anlass giebt. Zuweilen treten mehrere parallele
Reihen von Riffen vor die Küste. Im tiefen Meer fehlen

---

1) Walther bildet einige ringförmige Riffe aus dem Meerbusen
von Suez ab. (Walther, die Korallenriffe der Sinaihalbinsel.)
2) Für die Atolle ist dasselbe erst viel später festgestellt worden.
Wegen der grossen Schwierigkeiten bei der Untersuchung ihres Randes
musste man so lange darüber im Unklaren bleiben.

die Riffe. Damit wies Ehrenberg einen geognostischen
Einfluss auf die Verbreitung der Riffe nach, der eine weitere
Bestätigung durch die Wahrnehmung erhielt, dass die Riffe
dort sehr zahlreich waren, wo augenscheinlich infolge vul-
kanischer Thätigkeit Hebungen und Ausfüllungen des Meeresbodens stattgefunden hatten, sowie dass die Riffe selbst
überall, wo eine Untersuchung angestellt wurde, auf vul-
kanischem Gestein oder, wie in den meisten Fällen, auf
einem porösen Kalkstein ruhte, welcher zugleich fast alle
Inseln des rothen Meeres zusammensetzt. Auch die Erscheinung, dass die Inseln des Meeres die gleichen Tiefenverhältnisse wie die Riffe aufweisen, nach aussen zu steil
abstürzen, nach dem Lande zu aber infolge von Sand-
anhäufungen sanft dem Boden des Meeres zuneigen, dort
keine hier aber reichliche Korallenbekleidung tragen, spricht
dafür.

Zum gleichen Schlusse drängt auch die Betrachtung
der Vertheilung der Korallenthiere auf dem Riffe und die
Untersuchung der biologischen Bedingungen der Thiere.
Ueberall stellte der Korallenkalk nur einen dünnen bis
höchstens 1¹/₂ Klafter starken Ueberzug über das Grund-
gestein der Insel dar. Ein Aufeinanderwachsen wurde nur
bis zu drei Generationen bemerkt; nur selten fanden sich
zerstörte Korallenfragmente, auf denen andere Fragmente
eines später entwickelten und wieder abgestorbenen Stammes
standen, dessen Verzweigungen eine dritte lebende Generation
einer andern Gattung trug. Niemals war die Masse höher,
als dass nicht ein einziger Stamm derselben Gattung die
gleiche Höhe hätte erreichen können. Niemals fanden sich
Korallenstöcke, die vollständig von Sand verschüttet gewesen wären, so dass die todten Theile durch den Sand
unverletzt umhüllt worden wären, wie das Flinders bei
den gehobenen Riffen Australiens der Fall zu sein schien.
Auch konnten lebende Korallen aus keiner grössern Tiefe
als 6 Faden gezogen werden und „in der Lebensthätigkeit
der Korallenthiere schien ihm etwas kräftig Abstossendes
gegen parasitische Formen ihrer eignen Klasse zu liegen".
Zwar fand er oft andere Thiere an den Korallenstöcken,

namentlich Balanen, doch niemals andere Arten von
Korallenthieren.

Von den übrigen Beobachtungen, die Ehrenberg über
die Daseinsbedingungen der Korallenthiere machte, sind
noch hervorzuheben, dass diese Thiere niemals an steilen
Wänden vorkommen, dass der bewegte Sand sie abtödtet,
ihre Verbreitung daher von der des festen Bodens abhängig
ist, dass die Brandung ihrem Wachsthum förderlich ist,
Beobachtungen, die zwar meist schon vor ihm von andern
gemacht worden waren, die aber erst durch ihn eine sichere,
unumstössliche Unterlage erhalten haben.

Den allgemeinen Eindruck seiner Untersuchungen fasst
Ehrenberg dahin zusammen, dass ihm die „Korallen nicht
als Schöpfer neuer Inseln, sondern vielmehr nur als Erhalter
derselben" erscheinen.

Wenn Ehrenberg auch weit entfernt war, die Resultate
seiner Studien an den Riffen des rothen Meeres ohne Weiteres
auf alle Korallengebiete auszudehnen, so war es doch selbst-
verständlich, dass er sich in seiner Ansicht über die Entstehung der Atolle den Vertretern der Vulkantheorie anschloss.
Die Ansicht Forsters, dass sich die Korallenthiere feste
Wände gegen die tobende Brandung bauen, konnte er als
Zoologe am wenigsten anerkennen. Schon die eigenthüm-
liche Struktur der Thiere, bei denen der weiche Körper
nach aussen liegt, war ihm ein sicherer Beweis für die
Unhaltbarkeit der Forster'schen Theorie. Endlich ist noch
zu bemerken, dass Ehrenberg die grosse Mächtigkeit fossiler
Korallenlager aus der Anhäufung angeschwemmter Korallen-
bruchstücke erklärte, da er das Aufeinanderwachsen von
Korallenstöcken für unvereinbar mit seinen physiologischen
Erfahrungen über die Thiere hielt.

Fassen wir die Resultate der Ehrenberg'schen Forschungen zusammen, so ergiebt sich, dass der eifrige und
scharfblickende Zoologe zwar kein neues fundamentales
Prinzip für die Beurtheilung der Bildung von Korallenriffen
aufzustellen vermochte, dass er aber fast alle schwebenden
Fragen zu einem vorläufigen Abschluss brachte. Was vorher oft nur vermuthet oder nur mit dürftigen, wenig stich-
haltigen Gründen belegt wurde, machte er zur Gewissheit

oder widerlegte er endgiltig und wo keines von beiden
möglich war, sammelte er ein Beobachtungsmaterial, das
die strittige Frage in ein helleres Licht setzte und sie der
Lösung näher brachte.

Nicht lange nachdem Ehrenberg uns mit dem Bau der
Korallenriffe im rothen Meere bekannt gemacht hatte,
erhielten wir eine genaue Beschreibung eines gehobenen
Atolls, der Bermudas im atlantischen Ozean. In einer
scharfsinnigen Untersuchung weist der englische Geologe
Nelson[1]) nach, dass sich sämmtliche über dem Wasser
gelegenen Rifftheile, welche hier bis 260 Fuss (79 m) an-
steigen, durch die Thätigkeit der Winde entstanden sind,
demnach nicht, was man bis dahin annahm, eine Niveauveränderung beweisen.

Ein langjähriger Aufenthalt auf den Riffinseln der
Bermudas liess ihn noch manche andere werthvolle Beobachtung machen, von denen die auffälligste, weil mit
den von mehreren seiner Vorgänger gemachten Wahrnehmungen in Widerspruch stehende die ist, dass „sich die
jungen Korallen (germs), wie meine eignen Beobachtungen
mich zu behaupten fähig machen, unbekümmert um die
Unterlage, welche sie finden, sich daran festsetzen".[2]) Bis
dahin galt es infolge der Angaben Ehrenbergs als eine
sichergestellte Sache, dass nur ein fester Felsboden den
Korallenthieren eine Ansiedlung gestattet, dass Sand aber
immer tödtlich wirkt, und heute ist man noch derselben
Meinung. Schon oben ist darauf hingewiesen worden, dass
Chamisso, der uns zuerst Mittheilungen über diese Frage
macht, vorsichtig genug war, seine Beobachtungen nicht
zu verallgemeinern, da er jedenfalls auch direkte Beweise
für das Gegentheil hatte. Wenigstens spricht er sich in
der darauf bezüglichen Stelle so bestimmt aus, dass man
es bei seiner Zurückhaltung gegenüber halbbewiesenen Ansichten annehmen muss. Ueber die Anlage neuer Kolonien
hatte vor Nelson noch keiner, selbst nicht Ehrenberg, direkte
Beobachtungen gemacht. Die Ansicht, dass nur ein felsiger

---

1) Nelson. On the Geology. of the Bermudas. Trans. Geolog.
Soc. London. 2d Series. Vol. IV. 1837. S. 103.
2) a. a. O. S. 122.

Untergrund die Bedingungen zur Niederlassung der Korallen-
larven biete, gründet sich allein auf die Wahrnehmungen
an bereits bestehenden Kolonien. Auch späterhin, bis auf
den heutigen Tag, hat Niemand wieder darüber Mittheilungen
gemacht[1]), und doch wäre es sehr wünschenswerth, über
diesen Vorgang Näheres zu erfahren, da manche Frage
davon beeinflusst wird.

Auch über die Entstehung der Atollform trägt uns
Nelson eine Ansicht[2]) vor. Er denkt sich die Bildung
dieser Inseln in folgender Weise: In der Zone zwischen
dem 32.—34.⁰ südlicher und nördlicher Breite, wo die riffbauenden Thiere in grossen Mengen vorkommen, werden
die von einer Meeresströmung mitgetragenen, anorganischen
Theile abgestorbener Thiere an einem innerhalb des Bereichs
der Wasserbewegung etwa befindlichen Felsen allmählich
erhöhen. Ist der Felsen mit seiner Oberfläche bis in die
Tiefe, in welcher Korallen gedeihen können, heraufgebracht
worden, so setzen sich die in der Strömung flottirenden
Keime der Korallenpolypen an ihn an und zwar im Allgemeinen in grösserer Menge an den Abhängen der Kuppe
als auf dem Plateau, über die sie von dem strömenden
Wasser zum grössten Theil hinweggetragen werden. Da die
meisten Riffkorallen ein verticales Wachsthum haben, so
wird der äussere Rand des Felsgipfels bald das innere
Plateau an Höhe überragen, und es wird ein Bild entstehen, das dem eines Atolls vollkommen gleicht, ein Wall
von Riffkorallen umschliesst einen innern See. Die Bermudas
stehen in einem Ausläufer des Golfstromes, dessen Sink-
stoffe auf einem Felsen einen Kegel aufschütteten, welcher
den Korallenthieren zur Basis diente, um ihre Bauten auf-
zuführen. Als die atmosphärischen Einflüsse den Thieren
ein Weiterbauen versagten, hob sie der Wind über den
Spiegel des Wassers und half den Thieren neue Gründe
bilden, so dass die Inseln in einem beständigen Wachsthum
sind. Bei einer Fortsetzung dieses Prozesses, meint Nelson,

---

1) Neuerdings hat Sluiter im biologischen Zentralblatt vom
15. Febr. 1890 höchst bemerkenswerthe Beobachtungen über diesen
Gegenstand veröffentlicht.
2) a. a. O. S. 122.

können noch viel grössere Distrikte landfest gemacht werden als dies bei den Bermudas der Fall gewesen ist. Diese Hypothese über die Entstehung der Atolle nähert sich sehr der in unserer Zeit von Rein, Murray, Guppy und Agassiz vertretenen, in welcher gleichfalls die Beschüttung bereits bestehender Untiefen zu Hülfe genommen wird, um einen genügenden Riffgrund zu schaffen. Die Idee Nelsons, die Ringform der Atolle aus der Annahme zu erklären, dass der Rand eines unterseeischen Plateaus die meisten Thierkeime empfängt, ist von keinem seiner Nachfolger wieder aufgenommen worden, vielmehr haben sich alle für die von Eschscholtz ausgesprochene Erklärung des Ringwalls entschieden. Die Gründe, die gegen Nelsons Annahme sprechen, sind folgende: Aus einer Aufschüttung fein vertheilten Materials resultirt immer ein Kegel. Da die Spitze zuerst die Zone der riffbauenden Korallen erreicht, muss auch sie zuerst besiedelt werden; die Anhäufung der auf ihr absterbenden Thierleiber lässt sie in rascherem Tempo wachsen als die übrigen Theile des Riffes; daher muss sie auch zuerst die Oberfläche des Wassers erreichen: es kann also keine Lagune unmittelbar entstehen. Zweitens wird die an den Rändern nagende Brandung den sich ansiedelnden Thieren viel grössere Hindernisse entgegensetzen als das langsam strömende Wasser auf dem Plateau. Nelsons Hypothese von der Entstehung der Atolle gerieth rasch in Vergessenheit als Darwin im Jahre 1839 in seiner „Reise eines Naturforschers um die Welt" und 1842 ausführlicher in „The Structure and Distribution of Coral Reefs" seine geistvollen Ansichten über diesen Gegenstand veröffentlichte.

Hiermit haben wir aber die Grenzen der historischen Gegenwart erreicht. Für die jenseits dieser Grenzen liegenden Vorgänge genügt eine tabellarische Uebersicht, die ich an eine Rekapitulation des im Vorhergehenden behandelten Stoffes anschliesse.

Tabellarische Uebersicht der Geschichte unserer Kenntnisse und Meinungen der Korallenbauten.

I. Die animistische Auffassung der Korallenriffe.

II. Geschichte unserer Kenntnisse von den Korallenbauten bis zum Jahre 1778. Man betrachtet die Korallenriffe vom praktischen Standpunkte aus.

Im ersten Jahrhundert nach Christi Geburt. Plinius hält die Riffe für Wälder.

1540. Dom Juan de Castro beschreibt die Riffe des rothen Meeres.

1616. Pyrard beschreibt die Maledivenatolle.

1638 tritt bei Linschoten der Begriff „Korallenfels" zum ersten Mal auf.

1702 äussert sich Strachan über die felsbildende Thätigkeit der Korallen.

1721 bereist Thomas Shaw das rothe Meer.

1769 Dalrymple erklärt die Riffe für Produkte der Anschwemmung von Korallenbruchstücken.

1775 Peter Forskal beschreibt die allgemeine Erscheinung und Verbreitung der Riffe im rothen Meere.

Die um die Mitte des 18. Jahrhunderts unternommenen Weltumseglungen stellen die weite Verbreitung der Riffe fest.

III. Geschichte der Korallenriffe vom Jahre 1778 bis zur Gegenwart: Periode der wissenschaftlichen Betrachtung der Korallenriffe.

A. Periode der teleologischen Auffassung der Riffe. 1778—1822.

1783. Forster erklärt die Ringform der Atolle als Produkt der Triebhandlungen der Korallenthiere.

1785. Cook macht Beobachtungen über das Wachsthum der Riffe und Riffinseln.

1806. Barrow stellt die ersten Versuche an, die Mächtigkeit des Korallenlagers auf einer niedrigen Insel zu messen.

1814. Flinders beschreibt das grosse australische Wallriff.

1816. Péron bestimmt die Grenzen der geographischen Verbreitung der Koralleuriffe.

1821. Chamisso untersucht die geologischen Verhältnisse am Radakatoll und macht Beobachtungen über die Lebensbedingungen der Korallen, über Flora und Fauna der Riffinseln.

1821. Eschscholtz erklärt die Entstehung der Lagune.

B. Geschichte der Korallenriffe unter der Herrschaft der Vulkantheorie.

1822. Steffens erklärt die Atolle für Krönungen submariner Vulkane.

1825. Quoy und Gaimard erkennen, dass die Korallenthiere nur in geringer Tiefe zu leben vermögen.

1828. Lesson und Garnot sprechen sich für die Vulkantheorie aus.

1831. Barrow spricht sich für die Vulkantheorie aus.

1832. Lyell zieht Veränderungen im Meeresniveau herzu, um die Tiefenverhältnisse an den Atollen zu erklären.
Ainsworth verwendet die Strömungen des Meeres, um die Tiefenverhältnisse am Riff zu erklären.

1832. Beechey vermisst 30 Koralleninseln auf und giebt nähere Mittheilungen über die Morphologie der Riffe.

1834. Ehrenberg beschreibt die Küsten- und Barierriffe des rothen Meeres.

1837. Nelson stellt eine neue Erklärung der Lagunenbildung auf.

C. Aeusserungen zu der Entstehung der Korallenriffe aus der Gegenwart.

1839. Darwin erklärt die Atolle mit Hülfe säkularer Senkungen.

1856. Le Conte betont den Einfluss der Meeresströmungen bei Bildung von Riffinseln.

1863. Semper erklärt die Wallriffe und Atolle mit Hülfe von Strömungen während einer Periode der Hebung.

1870. Rein erklärt die Atolle für Krönungen submariner Berge, welche durch Aufschüttung organischer Reste

bis zur Zone des Wachsthums der Korallen ge-
stiegen sind.

1870. Agassiz beschreibt die landschaffende Thätigkeit
der Korallen an der Halbinsel Florida.

1879. Murray erklärt die Lagune mit Zuhülfenahme der
auflösenden Kraft des Meerwassers gegenüber dem
kohlensauren Kalk.

Anhang.

Zusammenstellung der Literatur, welche die Entstehung der Korallenriffe behandelt, vom Jahre 1842 an.[1])

1. Ch. Darwin: The Structure and Distribution of Coral
Reefs. 1842. Zweite Auflage 1874. Dritte Auflage,
herausgegeben von Bonney mit einem Anhang vom
Herausgeber 1889.

2. R. v. Lendenfeld: Darwins Korallenriffe. Referat
über den Anhang zur dritten Auflage von Darwins
Schrift. (No. 1 in diesem Verzeichniss.) Biolog. Centralblatt. B. 9. 1889. S. 564.

3. Al. v. Humboldt: Ansichten der Natur. Taschen-
ausgabe. Stuttgart 1871. S. 217.

4. J. Dana: On Coral reefs and islands. New-York 1853.
London. 1872 und 1883.

5. J. Dana: Report on Geology. U. S. Expl. Exped.
S. 756. 1849.

6. Le Conte: On the agency of the Golf-Stream in the
formation of the peninsula and the Keys of Florida.
Albany. 1856. Proc. Amer. Assoc. X. 1856. p. II.
S. 103.

7. L. Agassiz. On the physical condition of the Florida
reef. Merc. Mar. Mag. 1870. S. 289.

8. J. B. Hunt: Silliman Journal. XXXV. 1863. S. 388.

---

1) Dieses Verzeichniss macht keinen Anspruch auf Vollständigkeit.

9. Conthony: Boston Journ. Nat. Hist. IV. 1843—1844. S. 137. Proc. of Boston. Soc. Nat. Hist. Januar 1842. p. 50.

10. A. Agassiz: On the Tortuga and Florida reefs Transact. of the Amer. Soc. Vol. XI. Mem. of the American Acad. of Arts and science 1885. Neu Series. XI. p. 107.

11. Al. Agassiz: Three cruises of the Steamer Blake. Vol. I.

12. Semper: Zeitschrift für wissenschaftliche Zoologie. B. 13. 1863. S. 563.

13. Semper: Die Philippinen und ihre Bewohner. 1869. S. 100—109 und S. 19—33.

14. Semper: Die natürlichen Existenzbedingungen der Thiere. I. II. S. 37 und folgende.

15. Semper: Verhandl. der phys.-med. Gesellschaft zu Würzburg. 1868. Sitzung vom 1. Febr.

16. Rein: Jahresbericht der Senkenberg'schen naturforschenden Gesellschaft. 1870. S. 158.

17. Rein: Verh. des ersten deutschen Geographentags. 1881. Die Bermudasinseln und ihre Korallenriffe.

18. Wilkes: Narrative of the United States Expl. Exped. Vol. 4. S. 268.

19. Murray: The Structure and Origin of the Coral Reefs and Islands. Proc. of the Royal. Soc. Edinburg. Vol. X. 1879—1880. S. 505.

20. Geikie: Proc. Edinb. Royal. Philos. Soc. B. 8. 1883. Presidial Address.

21. J. D. Dana: The Origin of Coral Reefs and Islands. Amer. Journ. of. science. 1885. B. 30. S. 89 und 169.

22. J. D. Dana: Points in the geological history of the islands Maui and Oahu. Am. Journ. Sc. 1889. B. 37. S. 81.

23. Agassiz: Bul. Museum of Compor. Zoolog. Cambridge. 1889. B. 17. S. 121—170.

24. Murray: The Structure, Origin and distribution of coral reefs and islands. Proc. of R. Inst. of Great Britain. March. 1888. S. 251. Nature 1889. Vol. 39. S. 424—28.

25. P. Hoffmann: Wahrnehmungen an einigen Korallen-riffen der Südsee. Verh. d. Berl. Gesellsch. f. Erdk. IX. 1882. S. 229.

26. Rice: Bull. U. St. Nat. Mus. Washington. N. 25.

27. Hochstetter: Reise der Fregatte Novara. Geolog. Theil. III. B. II. 113. 1866.

28. Guppy: Observations of the recent calcarious formations of the Salomon group. Nature 1885. B. 33. S. 202.

29. Guppy: The Coral reefs of the Salomon Islands. Nature. Vol. 35. S. 77.

30. Guppy: The Salomon Islands, their geology etc. London. 1887.

31. Guppy: Coral Islands and savage myths. Trans. Vict. Inst. London. 1888.

32. Guppy: A criticism of the Theorie of Subsidence as affecting Coral Reefs. Scottish Geogr. Magazine. Vol. IV. 1888. S. 121.

33. Guppy: The Cocos-Keelings-Islands. Scott. Geogr. Mag. Vol. V. 1889. S. 461.

34. Bourne: The Atoll of Diego Garcia and the Coral Formations of the Indian Ocean. Proc. of the Royal. Soc. of London. Vol. XLIII N. 264. S. 444 und Nature, 12 August. 1888.

35. J. Walther: Die Korallenriffe der Sinaihalbinsel. Abh. der math.-phys. Klasse der kgl. sächs. Gesell-schaft d. Wissenschaften. B. XIV. No. X. S. 63. 1888.

36. Klunzinger: Bilder aus Oberägypten. S. 326—373.

37. Keller: Madagascar: 1887.

38. v. Richthofen: Führer für Forschungsreisende.

39. Supan: Pet. Mitt. 1889. S. 200.

40. Wyville Thomson: Voyage of the Challenger. The Atlantic. B. I. S. 289.

41. Forbes: Notes on the Cocos or Keeling Islands. Proc. of the Roy. Geogr. Soc. London. 1879. S. 777.

42. Fred. Hart: Geology and Physical Geogr. of Brasil. Boston 1870. S. 620.

43. Buchanan: Proc. Roy. Soc. Edinb. B. 13. S. 428. Proc. Roy. Soc. London. B. 43. S. 340.

44. Henrich: Korallenbildungen. Humboldt. 1. Jahrgang. S. 252. 2. Jahrgang S. 374.
45. Kosmos: Die Entstehung der Korallenriffe. B. I. S. 210.
46. Wharton: Foundation of Coral Reefs. Nature. 1888. Bd. 38. S. 568 f.
47. Dupont: Les iles coralliennes de Roly et de Philippville. Bruxelles 1882.
48. Liebe: Ein Bryozoenriff. Humboldt. 2. Jahrgang. S. 224.
49. v. Lehnert. Ueber Landbildungen im Sundagebiet. D. Rundschau f. Geogr. und Statistik. 5. Jahrg. S. 56.
50. Rèclus: La Terre. Vol. I. S. 793.
51. Brady: Note on the so called Suva Saopstone. Geol. Soc. Nov. 1887.
52. Th. Studer: Ueber einige wissenschaftl. Ergebnisse der Gazellenexpedition. Verh. d. zweiten deutschen Geographentags. Berlin 1882. S. 23.
53. Nature. 1887/88. B. 37. S. 393. 414. 438. 461. 488. 509. 535. 584. 604. — B. 38. S. 54. — B. 39. S. 424. 435. — B. 40. S. 53. 102. 125. 173. 203. 27. — B. 37. S. 81.
54. Hahn: Inselstudien. 176.
55. Th. Studer: La formation corallienne dans les Océans au point de vue géologigue. Genève 1883.
56. H. B. Guppy: Coral soundings in the Salomon Islands. Ann. Mag. N. H. (S). XIII. p. 460—466.
57. Crosby: On the elevated Coral Reefs of Cuba. Proc. Boston Soc. N. H. XXII. 1884. p. 124—130.
58. W. Seler: Ueber die Bildung der Korallenriffe. Biolog. Centralblatt. IV. 1885. S. 477—480.
59. A. de Lepparent: La théorie des récifs coralliens. Révue Sc. Paris. (3.) IX. 1885. p. 556—561.
60. H. B. Guppy: Suggestions as to the mode of formation of Barrier Reefs in Bougainville Sraits Salomon Group. Proc. Linn. Soc. N. S. Wales. IX. 1885. p. 949—959.
61. Allmann: On coral islands and their architects. Proc. roy. Inst. 1873. Vol. VII. p. 58—67.

62. A. Heilprin: The Bermuda Islands. Philadelphia 1889.
63. S. J. Hickson: „Theories of Coral Reefs and Atolls." Address, British Assoc. 1888.
64. H. O. Forbes: A Naturalist's Wandering in the Eastern Archipelago. 1885.
65. R. v. Lendenfeld: Naturwissenschaftl. Rundschau. 13. Oct. 1888.
66. C. Ph. Sluiter: Ueber die Entstehung der Korallenriffe in der Javasee und Branntweinbai, und über neue Korallenbildungen bei Krakatau. Biolog. Centralblatt. B. IX. N. 24. S. 737. 1890 u. Naturkundig Tijdschrift v. Neerlandsch. Indie B. XIIX.
67. W. Fewkes: On the Origin of the present form of the Bermudas. Proc. Boston. Soc. Nat. Hist. B. 23. S. 518.
68. Edmund Mojsisovics von Mojsvar: Die Dolomitriffe von Südtirol und Venetien. Wien 1879. S. 494.
69. Richthofen: Ueber Mendoladolomit und Schlerndolomit. D. Geol. Ges. 1874. S. 225.
70. Agassiz: Report ou the Superintendent of the U. S. Coast Survey, during the gear 1866. Washington 1869. S. 126.
71. Agassiz: Bulletin of the Mus. of. Comp. Zoologyat Harward College. Nr. 13. S. 376.
72. Hoff: Geschichte der natürlichen Veränderungen der Erdoberfläche. Gotha. 1834. B. III. S. 61.

Ausserdem finden sich Bemerkungen über die Entstehung der Korallenbauten in fast allen Lehr- und Handbüchern der Geologie und Geographie.

Vita.

Ich, Leopold Oskar Böttger, ev.-luth. Konf., wurde am 17. September 1860 zu Moritzburg bei Dresden geboren. Nach vierjährigem Besuch der Dorfschule zu Eisenberg und einjährigem Besuch der Stadtschule zu Oschatz wurde ich privatim zum Besuch einer höheren Schule vorbereitet. Ostern 1874 trat ich in die Annenrealschule zu Dresden ein, die ich Ostern 1879 verliess, um sie mit der Realschule erster Ordnung in Wurzen zu vertauschen. Hier bestand ich Ostern 1881 die Reifeprüfung, worauf ich die Universität Leipzig bezog, um Naturwissenschaften zu studieren. Ich besuchte dort die Vorlesungen der Herren Professoren Leuckart, Schenk, Zirkel, Wiedemann, Kolbe, Hankel, v. der Mühll, Klein, Matius, Wundt und Carus und arbeitete in den Laboratorien der Herren Professoren Leukart, Schenk, Zirkel und Drechsel. Im SommerSemester 1885 legte ich das Examen pro fac. doc. ab, von welcher Zeit ich beständig als Lehrer thätig gewesen bin. Während der Semester 1886/87 und 1889 war ich als Hörer der Universität Leipzig Mitglied des geograph. Seminars des Herrn Professors Ratzel.

Allen meinen hochverehrten Lehrern, namentlich aber Herrn Prof. Dr. F. Ratzel, der durch seine ermunternde Antheilnahme und durch seine Unterstützung mit Literatur meine Arbeit fördern half, sowie Herrn Buchhändler E. Debes in Leipzig, der mir in freundlichster Weise die Durchsicht seiner reichhaltigen Kartensammlung gestattete, sage ich an dieser Stelle nochmals meinen lebhaftesten Dank.